KB214957

하나님이 **자랑한 사람**

하나님이 **자랑한 사람**

초판 1쇄 발행 2017년 10월 27일
초판 3쇄 발행 2017년 11월 3일

지 은 이 | 이상혁
펴 낸 이 | 이한민
펴 낸 곳 | 아르카
등록번호 | 제307-2017-18호
등록일자 | 2017년 3월 22일
주 소 | 서울 성북구 숭인로2길 61 길음동부센트레빌 106-1805
전 화 | 010-9510-7383
이 메 일 | arca_pub@naver.com
홈페이지 | www.arca.kr
블 로 그 | arca_pub.blog.me
페이스북 | fb.me/ARCApublishing

책 값 | 뒤 표지에 있습니다.
I S B N | 979-11-961170-4-7 03230

아르카 ARCA는 기독출판사이며 방주ARK의 라틴어입니다(창 6:15).
네가 만들 방주는 이러하니 … 새가 그 종류대로, 가축이 그 종류대로,
땅에 기는 모든 것이 그 종류대로 각기 둘씩 네게로 나아오리니 그 생명을 보존하게 하라 _창 6:15,20

그때는 있었는데 지금은 없어서 몹시 그리운

하나님이 **자랑한 사람**

이상혁 지음

아르카

이 책에 묘사한 하나님의 종들이 그립습니다

이동원 목사 _지구촌교회 원로

나는 오래 전 설교 세미나에서 이상혁 목사님을 만났습니다. 그의 설교에는 특별한 기름 부으심이 있었습니다. 저는 그를 하나님의 사람으로 주목하고 축복했습니다. 그는 호피 인디안 선교에 이어 미국 이민 교회 개척을 경험하고, 그의 조국 땅으로 목회의 바통을 이어받고 귀국했습니다. 그의 사역은 아마 지금부터일 것이라고 생각됩니다.

하나님은 특별한 선교지와 특별한 개척으로 그를 훈련했습니다. 이런 특별한 간증이 녹아 있는 이 책엔 그의 신앙관이 고스란히 녹아 있습니다. 하나님의 종으로, 욥처럼 주님이 그를 연단하신 모든 것이 정직하게 고백됩니다. 그래서 하나님의 종다운 종을 기다리는 한국 교회에 축복의 책이 될 것입니다.

'채워주심'을 위해 비우게 하신 하나님이 '하나님의 종'으로 사용하심을 기대하게 하는 책입니다. 진지하게 '하나님의 종' 됨을 고민하는 모든 사역자들과 동역자들에게 일독을 권합니다. 그리고 참된 주의 종들의 출현을 고대하는 모든 평신도 지도자들에게도 일독을 권합니다.

저자가 이 책에 묘사한 하나님의 사람, 하나님의 종들이 못 견디게 그립습니다.

어떻게 하면 우리가
하나님의 자랑이 될 수 있을까?

유기성 목사 _선한목자교회

이 책을 읽어가다 보면 마음 깊은 곳에서 억제하기 힘든 탄식과 두려움이 느껴집니다. 저자의 마음이기도 하지만 한국 교회를 보시는 주님의 마음이라 여겨집니다. 그러나 이 책은 한국 교회를 무조건 비판하거나 절망을 말하는 책이 아닙니다. 결국은 사람인데, '진정 하나님이 자랑하실 만한 종이 누구인가?'에 대해 호소하고 있습니다.

저자는 욥에게서 그 답을 찾았습니다. 하나님이 자랑하시는 사람은 욥에 대한 성경의 증언대로 '순전함, 정직함, 여호와 경외, 악에서 떠남' 이 네 가지를 갖춘 사람입니다. 그런데 그 종들의 진위가 가려지는 순간은 고난의 한 가운데입니다. '무슨 일'이 그에게 일어났는가보다 그가 그 고난에 '어떻게' 맞섰으며 '어떻게 살았는지'가 중요합니다. 고난의 가장 큰 유익은 하나님을 만나고 친밀해지는 것입니다.

욥은 귀로만 듣던 하나님을 눈으로 뵙게 되었습니다. 이것이 복입니다. 친구도 보지 못했고 사탄도 보지 못했던, 주인과 종 사이에 흐르는 친밀한 교제, 이것이 욥이 받은 진정한 복입니다. 그때 고난 자체가 가장 큰 축복이 될 수 있습니다. 고난이 아니면 절대 가질 수 없는 보물이기 때문입니다.

이 책은 저자 자신이 실제 삶과 사역 현장에서 치열하게 겪고 경험한 이야기이기에 공감과 설득력이 있습니다. 그는 자신의 모습을 벌거벗은 듯이 다 드러냅니다. '그때' 만난 하나님과 그로 인하여 얻은 영적인 교훈들을 증거하고 있습니다. 그래서 읽은 사람들도 하나님의 종으로 설 수 있도록 도와주고 있습니다.

제가 저자인 이상혁 목사님을 처음 알게 된 것은 오래 전입니다. 제가 섬기던 교회에서 미국 인디언들을 위하여 파송했던 선교사가 불의의 교통사고로 순직한 후, 그 후임으로 가신 선교사였습니다. 참으로 성실하고 진실한 분이란 인상을 받았는데, 그 후 소식이 끊어져 잊고 지냈다가 이번에 이 책을 통해 목사님의 그간의 사정을 알게 되었습니다. 하나님께서 목사님을 불같은 연단을 거치게 하시고 정금 같은 믿음으로 나오게 하셨다는 것을 알고 너무나 기뻤습니다.

저는 저자가 책 서두에서 도전적으로 던진 "주인의 마음에 합한 종이 되는 꿈을 한 번 꾸어보아야 하지 않겠는가?" 하는 질문에 마음이 뜨거워졌습니다. 저의 갈망이었기 때문입니다. 그리고 이 책에서 마음의 시원함을 얻었습니다.

책 속에 나오지만 두 구절을 미리 소개하고 싶습니다.

"지금 이 순간에도 하나님의 마음속에 누군가가 있을 것이다. 하나님은 그를 마음속에 간직하고만 있지 못하셨다. 그래서 사탄에게 자랑하셨다. 하나님의 자랑에 기독교의 소망이 있을 것이다. 그리고 거기에 나와 당신의 이름이 들어 있다면…."

“지극한 고통 때문에 하나님을 욕하고 떠나려는 마음이 들었던 적이 있는가? 조용히 눈을 감고 마음의 눈을 뜨기를 바란다. 내 안에서 들리고 보이는 세미한 음성과 환상이 있을 것이다. 그 소리에 귀를 기울여보라. 그 환상을 응시해보라. 어떤 분의 음성과 모습이 보일 것이다. 만일 그분의 손에 못 자국이 있고 옆구리에 창 자국이 있다면 그분 앞에 무릎을 꿇어라. 그분이 바로 당신을 향한 하나님의 최종 선물이시다. 내가 흘린 눈물의 진정한 보상이 되시는 분, 그분이 바로 살아 계신 하나님의 아들, 예수 그리스도시다.”

하나님이
자랑한 사람

3부 하나님이 자존심을 거신 종이라면

4부 착하고 충성된 종이 고백하기를

종이 되는 꿈을 꾸자

몇 해 전 미연합감리교회 선교대회에 참석했다가 개회예배 때 참가자들이 교독하는 내용을 듣고 전율을 느꼈다. 사회자가 선창했다.

"우리는 과거 선교의 유산이며, 미래 선교의 모판입니다!"

그러자 수백 명이 화답했다.

"우리는 그리스도와 함께 죽고, 그리스도와 함께 부활할 것입니다!"

그들은 과거 선교의 유산이 바로 '우리'라고 했다. 미래 선교의 모판도 '우리'란다. 기독교 2천 년의 열매와 영광이 우리 자신이라는 말이다. 이걸 자랑스러워해야 하는 건지, 아니면 부끄러워해야 하는 건지 분간이 되질 않았다.

오늘날 기독교는 그야말로 전방위적인 포화를 맞고 있다. 교회와 목사들이 저지르는 추문이 연일 보도되고 있다. 개신교 역사상 지금의 한국 교회보다 더 타락한 교회가 없었다는 말까지 나온다.

그럼에도 불구하고 우리는 한국 교회에 성령의 바람이 불어오길 여전히 소망한다. 평양과 원산에 불었던 민족을 깨우는 그 바람 말이다. 'Again 1907!' 그런데 과연 그런 바람이 불어올까? 그때 그 시절에 불었던 바람이 다시 불어오려면 그 시절에 있었던 일이 지금 여기에서도 있어야 할 텐데, 그것이 무엇일까? 궁금해졌다. 그때는 있었는데 지금은 없어진 것, 우리도 모르는 사이에 새나가 버린 것, 우리가 잃어버린 것. 그것을 회복할 수만 있다면 성령의 바람은 다시 불어올 텐데 말이다.

> 네가 내 종 욥을 주의하여 보았느냐 그와 같이 온전하고 정직하여 하나님을 경외하며 악에서 떠난 자는 세상에 없느니라 _욥 1:8

욥기를 읽다가 그 답을 얻었다. 그때는 있었는데 지금은 없어진 것은 바로 순전함, 정직함, 하나님을 경외함, 그리고 악에서 떠남이었다. 오늘날 우리가 잃어버린 것들이 바로 이 네 가지가 아닐까 싶다. 잃어버렸거나, 있기는 하지만 함량이 미달인 순전함, 정직함, 하나님을 경외함, 악에서 떠남.

하나님이 자랑하시는 사람

하나님은 세상을 두루 돌아 여기저기 다녀왔다는 사탄에게 불쑥 한 인간을 자랑하셨다.

"내가 보기에는 썩 괜찮은 것 같은데, 네 생각은 어떠하뇨?"

사탄은 즉각 이의를 제기했다.

"세상에 그런 사람은 멸종되었습니다. 대가를 바라지 않는 순전한 믿음을 가진 사람들은 없습니다. 그가 가진 소유물을 쳐 보십시오. 아마도 하나님을 욕하고 자살할 것입니다."

'욥'이라는 한 인간을 두고 어마어마한 존재들 간에 자존심을 건 한판 승부가 벌어졌다. 하나님은 사탄에게 "그렇다면 그를 건드려봐라!" 하고 허락하셨다. 하나님은 자신이 있으셨고, 사탄도 자신이 있었다. 만일 욥이 사탄의 시험을 통과하지 못하고 하나님을 욕하고 죽기라도 한다면? 하나님은 어쩌자고 이런 무모한 내기를 하신 것일까?

순전함, 정직함, 하나님을 경외함, 악에서 떠남! 하나님은 이 네 가지를 중요하게 보셨다. 그리고 사탄이 보지 못한 것을 하나님은 보셨다. 사탄은 믿지 못했지만 하나님은 믿으셨다. 하나님은 사탄이 멸종했다고 생각한 성도가 아직 남아 있다고 믿으셨다. 성경 어디를 보아도 유래 없는 이야기다. 우리는 욥기의 결과를 알고 있다. 욥은 불같은 고통의 시간을 훌륭하게 통과한다. 그의 빛나는 고백을 들어보라.

주신 이도 여호와시요 거두신 이도 여호와시오니 _욥 1:21

그가 나를 단련하신 후에는 내가 순금 같이 되어 나오리라 _욥 23:10

내가 주께 대하여 귀로 듣기만 하였사오나 이제는 눈으로 주를 뵈옵나이다 _욥 42:5

욥의 입에서 이런 고백이 나올 때마다 사탄은 스트레스를 엄청 받았을 것이다.

예수님 없는 천국, 예수님 있는 지옥

나는 삼십대에 선교사로 일했다. 전임 선교사님이 교통사고로 돌아가시고 한동안 공석이던 곳이었다. 맨땅에 헤딩하는 기분으로 시작한 선교사 생활이었다. 선교사로 일하면서 《채워주심》이라는 책을 펴내기도 했다. 그러나 그 이후 불같은 시련을 겪어야 했다. 사십이 넘은 나이에 교회를 개척했다. 사전조사 없이 한 번도 가보지 않았던 곳에서 아는 사람 한 명 없이 시작한, 그야말로 생개척 이민 교회였다.

그런데 이런 목회 여정에서 보석 같은 성도들을 만날 수 있었다. 불같은 시련을 겪으면서도 꿋꿋이 견디던 사람들, '저러고 어찌 사나' 싶은데 "이러고도 잘 삽니다" 하던 사람들, "주님이 내 뺨을 때리셨다"라고 하지 않고, "주님이 내 뺨을 장밋빛으로 물들여 주셨다"라고 말하던 사람들, "예수님 없는 천국은 내가 원치 않고요, 예수님 계신 지옥은 내가 싫지 않아요" 하던 사람들. 고통스런 시험지를 받아들고 눈물로 정답을 써 내려가던 사람들….

나는 이 책을 통해 당신과 이런 이야기를 나누고 싶었다. 기독교는 허접해졌고 성도들은 시시해졌다는데, 나까지 그럴 수는 없지 않은가? 믿음의 길에 들어섰다면 갈 때까지는 가보아야 하지 않겠는가? 주인의 마음에 합한 종이 되는 꿈을 한 번 꾸어보아야 하지 않겠는가? 나는 이 책을 집어든 당신의 삶의 형편이 어떤지 모른다. 혹시 이런 것은 아닌가?

'살인적인 노정, 맥없이 끌려가는 발걸음, 버텨내기에는 너무나 먼 길, 가고 싶은 마음도 없다….'

이런 이야기에 공감한다면 당신이나 나나 비슷한 정황이다. 나 역시 종종 다리가 풀려 비틀거리다가 넘어진다. 내가 보기에도 내가 사는 모습이 부끄러울 때가 한두 번이 아니다. 그러나 '하나님의 자랑이 되는 종'의 꿈은 절대 포기할 수 없다. 부족한 나를 향해 낭비된 성부, 성자, 성령 하나님의 엄청난 사랑과 은혜가 나를 일어서게 한다. 그 사랑을 모른 척한다면 나는 정말 나쁜 놈이 될 것이다.

이 책을 덮을 때쯤에는 당신을 향한 하나님의 기대가 어떠한 것인지 깨달을 수 있기를 바란다. 오늘날 교회가 받아든 부끄러운 성적표? 남 탓할 것도, 부정할 것도 없다. 외양간이 부실해 소를 잃었다면 외양간을 다시 고쳐야 한다. 안 키울 거면 몰라도 계속해서 소를 키울 생각이라면 당연히 그래야 한다. 반성을 하면서 말이다.

당신을 향한 주님의 기대

"네가 내 종을 보았느냐?"

이것은 창조주가 피조물에게 자존심을 걸고 하신 말씀이다. 이 말씀이 오랫동안 묵상되었다. 왜 하나님은 이 말씀을 하필 사탄에게 하셨을까? 하나님의 자랑이, 당하는 종들의 입장에서는 가혹하기 짝이 없는 고통이었을 텐데 말이다. 그러나 성경을 보니 하나님이 자랑하셨고 사탄의 인증을 거친 빛나는 인물들이 있었다. 그들은 사탄조차 정복하지 못한 영적인 엘리트들이었다.

그렇다면 지금 이 순간에도 하나님의 마음속에 누군가가 있을 것이다. 하나님은 그를 마음속에만 간직하고 있지 못하셨다. 그래서 사탄에게 자랑하셨다. 하나님의 자랑에 기독교의 소망이 있을 것이다. 그리고 거기에 나와 당신의 이름이 들어 있다면….

부끄럽지만, 이것이 우리가 다시 꾸는 꿈이다.

1부

주인의 뜻이 종에게서 이루어지이다

43세 남자가 이런 말을 했다.

비평가의 말은 중요하지 않다. 강한 사람이 어떻게 비틀거리고, 누군가의 행동이 어땠어야 더 좋았을 뻔했다고 지적하는 사람도 신경 쓸 필요가 없다. 찬사는 오직 경기장에 서 있는 사람의 몫이다. 먼지와 땀과 피로 범벅이 된 얼굴의 주인공, 용맹무쌍하게 분투하는 사람, 열정이 무엇이고 헌신이 무엇인지 아는 사람, 가치 있는 대의를 위해 온몸을 불사르는 사람, 잘하면 위대한 성취의 승리를 맛볼 수 있고 최악의 경우 실패하더라도 대담하게 행동하는 사람의 몫이다. 따라서 승리의 환희도 모르고 패배의 쓰라림도 모르는 냉담하고 소극적인 사람들은 결코 그와 한자리에 설 수 없으리라.

It is not the critic who counts; not the man who points out how the strong man stumbles, or where the doer of deeds could have done them better. The credit belongs to the man who is actually in the arena, whose face is marred by dust and sweat and blood; who strives valiantly; who errs, who comes short again and again, because there is no effort without error and shortcoming; but who does actually strive to do the deeds; who knows great enthusiasms, the great devotions; who spends himself in a worthy cause; who at the best knows in the end the triumph of high achievement, and who at the worst, if he fails, at least fails while daring greatly, so that his place shall never be with those cold and timid souls who neither know victory nor defeat.

시어도어 루즈벨트의 말이다. 그는 42세 나이로 미국 26대 대통령(1901-1909년 재임)이 되었다. 그가 얼마나 집요한 반대에 부딪쳤으며, 그 가운데서 어떤 태도로 국정에 임했는지 엿볼 수 있는 대목이다. 미국 역사상 최연소 대통령으로 기록되기도 한 이분의 말씀이 오래도록 여운으로 남는다.

우리는 때로 주변 사람들의 말에 지나치게 신경을 쓰는 경향이 있다. 다른 사람들이 잘했다고 하면 한없이 기분이 좋다가, 잘못한다는 지적을 받거나 비난을 듣게 되면 한없이 추락한다. 사람들의 의견에 귀 막고 고집불통으로 사는 것도 문제지만, 귀가 얇아 사람들의 의견에 쉽게 휘둘리는 것은 더 큰 문제다.

'찬사는 오직 경기장에 서 있는 사람의 몫'이라는 대목에서 생각이 오래 머문다. 지금 내가 하는 일이 하나님께서 맡겨주신 일이고, 내가 그 일을 수행하는 책임자라면, 그 다음에 할 일은 '죽기 아니면 살기'의 정신으로 일하는 것이다. 사람들의 평판은 일을 끝내 놓은 후에 들어도

된다. 최선을 다하고, 그 후에 일어난 일은 그때가서 책임지면 된다. 오늘도 '삶'이라는 링에 올라 피와 땀을 흘리며 고독하게, 때론 용감하게 분투하는 당신에게 갈채를 보낸다. 살면서 느끼게 되는 가장 큰 기쁨은 세상이 당신에게 못할 것이라고 말했던 그것을 해냈을 때 맛보는 법이다. 이 기쁨은 능력 주시는 주인을 온전히 의지한 종의 차지다.

01

하나님이 보금자리를 흩으실 때

“선교사님, 이제부터 아마도 바쁘게 불려 다니실 겁니다. 하나님이 선교사님을 들어 쓰실 것입니다. 이때가 사명의 때입니다. 부족하다고 말하지 마십시오. 지나친 겸손 또한 교만이 될 수 있습니다. 주님께 손목을 맡기십시오. 주님이 세워주시는 곳에서 최선을 다해 전하십시오. 그러나 반대로 하나님이 크게 들어 치실 수도 있습니다. 명심하십시오. 그때는 겸손하라고 하시는 겁니다.”

2007년, 내가 쓴 책 《채워주심》이 출간되었을 때 강준민 목사님이 내게 해 주신 말씀이다. 하나님이 주의 종들을 들어 쓰시는 때가 있고 들어 치시는 때가 있다고 하셨다. 그러면서 하나님께서 들어 쓰시는 꾸준하고 탁월한 종이 되라고 하셨다. 목사님의 이 말씀은 예언처럼 들어맞았다.

추락(墜落)

인생의 곤두박질을 경험해 본 적이 있는가? 권투 선수가 다운을 당하는 것은 보이는 펀치가 아니라 보이지 않는 펀치를 맞았을 때라고 한다. 보이는 펀치는 아무리 강해도 견딜 만하다. 그러나 보이지 않는 빠른 펀치는 맞으면 아득해진다. 아무리 생각해 보아도 내 잘못이 아니기에 이해되지도 않고 납득도 안 되는 일을 당하면 두 배로 아프다.

> 여호와께서 그를 황무지에서, 짐승이 부르짖는 광야에서 만나시고 호위하시며 보호하시며 자기의 눈동자같이 지키셨도다 마치 독수리가 자기의 보금자리를 어지럽게 하며 자기의 새끼 위에 너풀거리며 그의 날개를 펴서 새끼를 받으며 그의 날개 위에 그것을 업는 것같이 여호와께서 홀로 그를 인도하셨고 그와 함께한 다른 신이 없었도다
> _신 32:10-12

믿음의 길을 걷는 여정 중에도 이런 순간이 있다. 하나님이 내 보금자리를 어지럽게 하시는 때가 있다. 어제까지 높은 곳으로 데려가시더니 오늘은 떨어뜨리신다. 그분이 내게 강펀치를 날리셨다. 지금까지 알고 있던 하나님이 아니다. 이 상황을 어떻게 받아들여야 할까? 징계라고 생각하기엔 억울하고, 훈련이라고 생각하기엔 가혹하다. 혼돈, 분노, 절망 같은 감정들이 요동친다. 이런 시

기를 어떻게 견디며 살아가야 하는가.

나는 사십이 넘은 나이에 이런 경험을 했다. 내가 삼십대에 선교사로 일한 곳은 미국 아리조나 주의 호피 인디언 보호구역이었다. 전임 선교사님이 교통사고로 순직하신 자리를 물려 받아 사역했다. 우리 교단의 초임 선교사 사역기간은 4년이다. 그리고 미 이민국이 허락한 종교비자 체류기간은 5년이다.

나는 내 생전에 없을 줄 알았던 선교사 생활을 하면서 그동안 경험한 일들을 책으로 출간했다. 선교사로 활동하면서 호피 인디언 보호구역 슝고포비에 교회를 건축했고, 아리조나 주 플래그스태프(Flagstaff)에 선교센터를 마련했다. 지속적이고 안정적인 사역을 위해 영주권도 신청했다. 안정적 체류 신분은 타문화권에서 사역하는 선교사들에게 필수적인 요소다.

선교사는 체류 신분만큼 선교한다. 안정적인 체류 신분은 안정적인 사역의 기반이 된다. 그런데 내가 영주권 신청을 하던 당시 비자 관련 대규모 사기단이 적발되면서 미 이민국은 비자 처리를 일시적으로 정지시켰다. 그러니 합법적 체류기간 안에 영주권이 승인되기란 불가능해 보였다. 나는 교단 선교국에 후임 선교사를 파송해 줄 것을 요청했다. 선교국은 곧 후임 선교사를 선발해 비자 절차를 밟았고, 나는 영주권 진행을 포기하고 귀국했다.

내가 한국에 머무르는 동안 선교지는 요동치고 있었다. 어디서부터 시작된 말인지 모르겠지만, 내가 호피 인디언들을 팔고 다니며 여기저기서 엄청난 후원금을 받아 한몫 챙겼다는 소문이 돈 것이다. 누군가 의혹처럼 내뱉은 말이었겠으나, 당사자인 내가 해명하지 못하니 전해들은 다음 사람은 그걸 사실로 받아들였을 게다. 나는 파렴치한 인간이 되어 버렸다.

천사와 씨름하다

후임 선교사의 비자가 나오자마자 나는 그 선교사와 함께 부랴부랴 선교지로 돌아갔다. 내게는 10년짜리 방문비자가 살아 있었다. 보통의 경우 종교비자가 발급되면 방문비자를 폐기시킨다는데, 어찌된 일인지 내 케이스는 그렇지 않았다. 나는 종교비자와 방문비자 두 가지를 다 가지고 있었다.

교회에서는 파송된 후임 선교사를 거절했다. 성도들과 여러 차례 만났으나 대화는 점점 꼬여만 갔다. 저들은 강팍해져 있었다. 결론은 둘 중 하나였다. 죽이 되든 밥이 되든 뛰어들어 상황을 정리할 것인가, 아니면 저들이 원하는 대로 깨끗이 물러날 것인가 결정해야 했다.

후임 선교사에게 부끄러운 모습을 보여드리는 것 같아 견딜 수 없었다. 시험에 제대로 걸려든 느낌이었다. 앞으로 나갈 수도, 뒤로 물러날 수도 없었다. 앞으로 나가면 성도들과 나 사이에 다툼이 벌어질 것이요, 뒤로 물러나면 다 놓고 나오는 수밖에 없었다.

한바탕 전투를 벌이고 상황을 정리할까 했는데 하나님이 말씀을 주셨다.

> 주의 종은 마땅히 다투지 아니하고 모든 사람에 대하여 온유하며 가르치기를 잘하며 참으며 거역하는 자를 온유함으로 훈계할지니 혹 하나님이 그들에게 회개함을 주사 진리를 알게 하실까 하며 그들로 깨어 마귀의 올무에서 벗어나 하나님께 사로잡힌 바 되어 그 뜻을 따르게 하실까 함이라 _딤후 2:24-26

머리로는 알겠는데 순종하자니 죽을 맛이었다. 물러난다면 내가 땀 흘려 이룬 선교지의 알토란 같은 것을 다 놓고 나와야 했다. 이것을 포기하기가 생각처럼 쉽지 않았다. 한편으로는 포기하지 않고 저들과 싸우는 것이 하나님의 뜻이 아닌가 하는 생각도 들었다. 물러나는 것만이 능사가 아니지 않은가, 교회를 지키는 것도 내 일의 일환이 아닌가….

혼란스러웠다. 그러나 하나님은 다투지 말라, 참으라, 인내해야 한다는 마음을 점점 더 크게 주셨다. 나는 내 주인의 말씀에 반응하기로 했다. 지금은 행동할 때가 아니라 순종할 때다. 하나님이 나를 보금자리에서 밀어내시는 것이라고 생각했다. 아내는 죽을 것처럼 아파했다.

나는 이 시기가 아내와 내가 야곱처럼 하나님의 천사와 씨름하는 시간이었다고 생각한다. 야곱은 얍복 강가에서 주의 천사와 씨름했다. 물과 육지가 만나는 지점인 나루터, 낮과 밤이 교차하는 지점인 새벽, 시간적으로나 공간적으로 경계선인 지점에 서서 야곱은 나아가지도 물러서지도 못한 채 밤새도록 주의 천사와 씨름했다.

두 번째 배설물

한편으로는 나의 부끄러운 모습을 정직히 들여다보게 되었다. 저들은 나와 함께 5년의 시간을 보낸 성도들이었다. 도대체 내가 어떤 식으로 사역을 했기에 저들이 선교사를 믿지 못하게 된 것일까…. 이것은 분명히 성도들에게 문제가 있는 것이 아니라 나에게 문제가 있는 것이었다. 남 탓할 것이 없었다. 모든 것이 내 탓이었다. 나로서는 인정하기 힘든 일이었지만 결국은 신뢰의 문제였다.

나는 내 부족함과 죄에 대해 회개했다. 하나님은 내 부족함을 여러 각도에서 깨닫게 하셨다. 내 안에 육신의 정욕, 안목의 정욕, 이생의 자랑이 있음을 알게 하셨다. 사람들의 눈을 의식했고, 일한 후에 보상을 바라는 공로의식이 있음도 보게 하셨다. 놓아야 할 것을 놓지 못하니 머뭇머뭇했던 것이다.

그러고 나자 하나님은 말씀으로 내게 위로를 주셨다.

내가 이미 얻었다 함도 아니요 온전히 이루었다 함도 아니라 오직 내가 그리스도 예수께 잡힌 바 된 그것을 잡으려고 달려가노라 형제들아 나는 아직 내가 잡은 줄로 여기지 아니하고 오직 한 일 즉 뒤에 있는 것은 잊어버리고 앞에 있는 것을 잡으려고 푯대를 향하여 그리스도 예수 안에서 하나님이 위에서 부르신 부름의 상을 위하여 달려가노라 _빌 3:12-14

우리가 알다시피 사도 바울은 세상이력을 배설물처럼 버린 사람이다. 어찌보면 세상이력은 배설물처럼 쉽게 버릴 수 있다. 그러나 쉽게 버릴 수 없는 것들이 있다. 그것은 '내가 잡았다'고 여기는 것과 '내가 했다'고 명백하게 생각되는 것들이다. 이는 복음전파의 길에서 이룬 빛나는 내 경력들이다. 이것은 배설물처럼 보이지 않는다. 굳이 버릴 필요가 없어 보인다. '간증'이라는 이름으로 얼마든지 멋지게 포장될 수도 있다. "모든 것을 주님이 하셨습니다"라고 겸손히 고백하는 척하지만, 실상은 얼마든지 내 전리품으로 챙길 수 있다.

그러나 바울은 그조차도 버린다. 나는 이것이 사도 바울이 버린 '두 번째 배설물'이라고 생각한다. 그는 자기 자랑이 드러나는 순간 하나님의 영광이 가려진다고 믿었다. 바울은 자신이 잡은 것과 이룬 것들에 연연하지 않았다. 심플하게 잊어버리고 오직 부름의 상을 위해 달려간다고 했다.

'하나님이 큰 은혜를 주셨는데 이 정도밖에 못했으니 부끄러울 따름입니다.'

바울은 이런 마음을 가졌다. 위장되지 않은 진정한 겸손. 하나님이 보시는 내 모습을 정확히 보았을 때 갖게 되는 정직한 마음이다. 나는 이 말씀이 내가 가져야 할 마음이라고 생각했다. 보지 못한 강펀치에 맞아 다운되었다면, 정신을 수습하고 빨리 일어서야 한다. 오랫동안 누워 있는 것은 보기 좋지 않다. 나는 하나님이 주신 말씀을 따라 행하기로 했다.

그저 손을 내뻗으라

하나님의 섭리는 종종 우리가 이해할 수 없는 방법과 예측할 수 없는 시간에 다가오기에 고통스러운 법이다. 상담심리학자 폴 트루니에는 《인간의 자리》라는 책에서 이렇게 말했다.

> 새로운 자리를 찾기 위해서는 그전에 떠나야 하는 자리가 있다. 둘 사이에는 자리가 없는 자리, 지지 받을 수 없는 자리, 자리가 아닌 자리가 있다. 불안은 어떤 행동을 취할 것인가를 놓고 망설이고 있음을 나타낸다. 서커스 공중그네를 타는 사람을 생각해 보자. 반대편 그네를 잡기 전에 잠시 공중에 머물러 있으면서 정확한 순간에 잡고 있는 그네를 놓아야만 한다. 첫

> 번째 지지대를 놓아 보내고 두 번째 것은 아직 잡지 못한 중간 지대에서 불안을 경험할 것이다. 나는 이것이 인간을 주저하게 만들고 떠나보내야 하는 것을 떠나지 못하게 하는 힘이라고 생각한다. 이것이 바로 중간 지대의 불안이다.

삶의 위기가 오기까지 우리는 우리 믿음의 현주소를 모른다. 기도했다는 것으로 충분하지 않다. 중요한 것은 최종적인 순종이다. 우리 생각 너머에서 역사하시는 하나님의 말씀을 믿는다면 믿음으로 불안을 떨쳐버려야 한다. 불안해하며 지금의 자리에 머물 것인가, 아니면 믿음으로 다음 단계를 향해 도약할 것인가.

헨리 나우웬도 《죽음, 가장 큰 선물》이라는 책에서 폴 트루니에와 비슷한 이야기를 했다.

> 서커스단의 공중그네 무용수가 말합니다. 우리는 공중 날기를 할 때 나를 붙잡아 주는 사람을 무조건 신뢰합니다. 공중을 나는 사람은 아무것도 하지 않아도 됩니다. 그저 팔을 뻗기만 하면 됩니다. 우리가 저지를 수 있는 최악의 실수는 나를 붙잡아 주는 사람을 내가 잡으려고 달려드는 것이지요. 그러면 그의 손목이 부러지거나 내 손목이 부러지게 됩니다. 공중 날기를 하는 사람은 붙잡아 줄 사람이 제자리에 와 있다는 것을 믿고 손을 뻗기만 하면 됩니다.

새끼 독수리 성장 프로젝트

하나님은 좋은 분이시다. 우리를 짐승이 부르짖는 광야에서 지켜주시고 보호해 주시며, 자기의 눈동자처럼 지켜주신다고 했다. 눈동자가 우리 몸에서 얼마나 예민한 기관인가? 티끌 하나만 들어가도 쓰리고 눈물이 난다. 그런데 그 하나님이 눈동자 같다 하신 우리의 보금자리를 어지럽히실 때가 있다.

어미 독수리가 둥지를 어지럽히며 새끼들을 둥지 밖 천길만길 낭떠러지로 밀어 떨어뜨릴 때가 있다. 새끼 독수리를 훈련시키기 위해서다. 미워서가 아니라 믿기 때문이며, 성장 프로젝트의 일환이다. 새끼들은 결코 자기 스스로 둥지를 박차고 나올 수 없다.

보금자리를 어지럽힐 때 어미는 새끼와 의논하지 않는다. 어미는 새끼에게 얼마든지 그럴 수 있다. 마찬가지로 하나님은 우리에게 얼마든지 그러실 수 있다. 이것을 인정하는 것이 믿음이다. 독수리가 새끼들을 둥지 밖으로 밀어낼 때 새끼들은 추락한다고 느끼지만 어미 독수리는 그들 곁에서 순항한다. 새끼에게서 눈동자를 떼지 않은 채 말이다. 그래서 어미의 눈동자 안에서 새끼의 추락은 추락이 아니라 순항인 게다.

하나님이 느닷없이 종들의 보금자리를 어지럽히실 때가 있다. 포근하기에 보금자리인 건데 그것을 흩어버리실 때가 있다는 것이다. 흩으시는 방식이 다분히 폭력적이실 때도 있다. 우리는 훗날에야 그 까닭을 알게 된다. 그것은 내게 더 큰 은혜를 주시기 위함이었다. 내게 더 큰 세상을 보여 주시기 위함이었다. 세상엔 태양과 같은 빛이 있는데 고작 촛불에 만족하며 사는 내가 안타까우셔서다. 내가 스스로 둥지를 박차고 성장의 자리로 나올 가능성이 희박하기 때문에 하나님이 강제적으로 끌어내시는 것이다.

그네에서 손을 뗄 수 있는가?

나는 하나님이 보금자리를 어지럽히실 때 둥지를 떠날 수 있었던 것에 감사한다. 위에서 붙잡아 주실 하나님을 신뢰하며 손을 위로 뻗을 수 있었음에 감사드린다. 과연 하나님은 나와 아내가 잡고 있던 첫 번째 지지대를 놓을 수 있게 하셨다. 그리고 우리 손을 잡아 주셨다. 허공에 머무는 짧은 순간의 순종을 경험하게 하셔서 참으로 감사하다.

하나님은 우리를 성장시킬 목적으로 포근히 깃들어 살던 곳에서 나를 내모신다. 이때 주의 종들은 일절 여호와 경외로 반응해야 한다. 내 감정에 따라 반응하지 말고 말씀에 따라 계기비행을 해야 한다.

하나님이 보금자리에서 내모실 때, 우리는 마음을 복되게 간직해야 한다. 하나님은 나보다 나를 더 잘 아시는 분이다. 내가 둥지를 떠나 훈련의 단계에 접어들 정도가 되었다고 판단하신 것이다. 그렇게 생각한다면 감사할 수 있다. 아프더라도 믿음을 가지고 순종할 수 있어야 한다.

위에서 붙잡아 주실 분을 신뢰함으로 자세를 바로 하고 손을 위로 쭉 뻗으라. 수많은 종들이 이 과정을 넘지 못해 계속 같은 자리를 맴돌기도 한다. 두려움과 불안을 믿음으로 방어하며, 잡고 있던 그네에서 손을 떼라. 놓으면 죽을 것 같겠지만 손을 떼야 한다. 그래야 이쪽에서부터 저쪽으로 건너갈 수 있다. 저쪽으로 건너가면 알게 된다. 둥지 안에서는 결코 경험하지 못할 더 큰 세상이 있음을 말이다. 그리고 하나님께서 어느새 훌쩍 성장해 있는 내 모습을 보게 해주실 것이다.

02

고난이 옵션 아니라 필수인 이유

중국의 어떤 기업에서 포상 차원으로 직원들을 한국에 단체 여행을 보냈는데, 그 규모가 6천 명이나 되었다. 그들은 158대의 비행기를 타고 한국에 들어왔다. 26개 호텔에 일주일간 투숙하며 관광을 했는데, 동원된 버스만 300대였다고 한다. 마지막 날 월미도에서 가진 '치맥파티'에 조달된 닭은 2천 마리, 맥주가 5천 캔이었다. 6천 명이 한 끼 먹는 것을 대기 위해 월미도의 모든 닭집이 한바탕 난리법석을 떨어야 했다고 한다.

이 뉴스를 접하며 생각해 보았다. 만일 내가 6천 명이 아니라 60만 명을 이끌고 가면서 그들을 먹이고 입혀야 하는 지도자라면 어땠을까?

청하건대 우리에게 당신의 땅을 지나가게 하소서 우리가 밭으로나 포도원으로 지나가지 아니하고 우물물도 마시지 아니하고 왕의 큰 길로만 지나가고 당신의 지경에서 나가기까지 왼쪽으로나 오른쪽으로나 치우치지 아니하리이다 한다고 하라 하였더니 _민 20:17

이 말씀은 모세가 에돔 왕에게 간청했던 내용이다. 여기서 우리는 모세의 간절한 마음을 읽을 수 있다. 그들은 에돔 땅을 가로지르는 '왕의 대로'(The King's Highway)를 지날 수만 있다면 훨씬 수월하게 가나안에 도착할 수 있었다.

광야는 하루하루가 견뎌내기 힘든 길이다. 인솔 책임자의 입장에서는 하루라도 빨리 약속의 땅에 도착할 수 있다면 더 바랄 것이 없었을 것이다.

이스라엘 백성과 에돔은 조상을 타고 올라가면 한 아버지를 둔 형제 나라다. 모세는 최대한 겸손하게 형제애에 기대어 부탁했다. 그러나 에돔 왕은 이 요청을 거절한다. 뿐만 아니라 강한 손으로 이스라엘 백성의 진입을 막았다고 했다. 이때 모세는 묵묵히 돌아선다. 모세의 심정이 어떠했을까….

어디로 가야 합니까?

선교사 사역 말기의 상황 앞에서 나는 모세의 형편에 감정이입이 되었다. '모세 같은 이도 있었는데, 지금 내가 겪는 이 상황

이 무슨 대수라고….' 그러면서도 질문이 생겼다. '다시 어디서부터 시작할 것인가?'

하나님은 분명히 '네 사역의 지평을 넓혀 주리라'라는 응답을 주셨다. 기도의 응답이 하나씩 이루어지는 것 같아 기쁨이 충만했는데, 예상치 못한 복병을 만난 것이었다. 지금까지 하나님이 보여 주신 은혜에는 의심의 여지가 없었다. 그러나 지난 5년 동안 공들였던 사역들이 모두 물거품으로 돌아간 듯한 느낌이 들었다. 나는 갈 곳이 없었고, 후임 선교사도 갈 곳이 없었다.

'어쩌다 이렇게 되었을까.'

"잘난 척 혼자 다 하더니 결국에는 쫓겨나지 않았느냐"는 이야기를 듣게 될 것을 생각하니 견딜 수가 없었다. 혼란스러웠고, 하루에도 몇 번씩 누추한 감정이 요동쳤다. 그때 하나님이 아내에게 로마서 11장의 말씀을 주셨다.

> 그런즉 어떠하냐 이스라엘이 구하는 그것을 얻지 못하고 오직 택하심을 입은 자가 얻었고 그 남은 자들은 우둔하여졌느니라 기록된 바 하나님이 오늘까지 그들에게 혼미한 심령과 보지 못할 눈과 듣지 못할 귀를 주셨다 함과 같으니라 또 다윗이 이르되 그들의 밥상이 올무와 덫과 거치는 것과 보응이 되게 하시옵고 그들의 눈은 흐려 보지 못하고 그들의 등은 항상 굽게 하옵소서 하였느니라 그러므로 내가 말하노니 그들이 넘어지기까지 실족하였느냐 그럴 수 없느니라

그들이 넘어짐으로 구원이 이방인에게 이르러 이스라엘로 시기나게 함이니라 그들의 넘어짐이 세상의 풍성함이 되며 그들의 실패가 이방인의 풍성함이 되거든 하물며 그들의 충만함이리요 _롬 11:7-12

하나님은 이스라엘을 구원하고자 하셨지만 저들은 거부했다. 혼미한 심령과 보지 못할 눈과 듣지 못할 귀 때문이었다. 그래서 복음이 이스라엘을 떠나 이방으로 전해지게 되었다. 그러나 이방의 부요함을 보고 회개한 이스라엘이 다시 하나님께로 돌아오게 되는 것이다. 하나님이 이렇게 예정하신 것은 이스라엘과 이방, 둘 다 구원하시고자 하는 섭리였다. 아내에게 이 말씀을 주신 하나님께 감사했다.

이제 남은 문제는 내 후임으로 파송된 선교사에게 일할 수 있는 자리를 마련해 드리는 것이었다. 호피 인디언 마을에는 10개의 교회가 있었다. 그 가운데 담임목사가 없는 교회가 절반이었는데, 나는 후임 선교사와 함께 그 교회들을 하나씩 둘러보기로 했다. 혹시 후임 선교사를 필요로 하는 교회가 있다면 그곳에서부터 시작하게 할 생각이었다.

후임 선교사에게 많이 미안했는데, 그는 오히려 나를 위로해 주었다. 그렇게 몇 달의 시간을 보낸 후 후임 선교사는 가족을 데리러 한국으로 잠시 귀국했다.

그러는 동안 내가 지난 5년 동안 섬기던 호피 마을 슝고포비 교회를 떠났다는 소문이 돌기 시작했다. 하루는 호피 마을 제1 메사의 '폴라카'(Polacca)에서 성도 몇 명이 나를 찾아왔다. 폴라카 교회는 호피 마을에서 가장 오래되고 가장 큰 교회로, 예배당은 100년 전에 침례교 백인 선교사들에 의해 지어진 석조전이었다. 호피 마을에서는 어머니 교회와도 같은 곳으로, 내가 섬기던 제2 메사의 슝고포비 교회와는 비교할 수 없는 교회였다.

그들은 자신들의 담임목사가 지역 교회를 총괄하는 관리자가 되어 떠났다며 내게 매주일 설교를 해달라고 요청했다. 후임 목사가 파송될 때까지 그리 해달라는 것이다. 나는 그들의 요청을 받아들였다. 아내는 비록 임시지만 매주일 섬길 곳이 생긴 것에 기뻐했다. 몇 번이 될지 모르지만 나는 최선을 다해 말씀을 전했다. 임시목사지만 슝고포비 교회를 섬기듯 폴라카 교회를 섬겼다.

내가 폴라카 교회의 임시 목사가 되었다는 소식을 듣고 먼저 섬기던 교회의 성도들 몇 명이 찾아왔다. 그들은 나와 함께 신앙생활을 하기 원했다. 그러나 나는 저들을 돌려보냈다.

그러던 어느 날, 폴라카 교회 성도들이 내게 파격적인 제안을 해왔다. 자신들의 정식 담임목사가 되어 달라는 것이었다. 교단에 제출했던 담임목사 청빙 요청을 철회하겠다고 했다. 그래서 나는 감리교단에 소속된 목사인데, 침례교단에 속한 교회의 담임목사가 될 수 있느냐고 물었다. 그들은 가능하다고 했다. 나는 성도들의 호의에 감사를 표했지만, 당시 내 체류 신분이 종교적인 업무를 할 수 없는 여행자 신분 상태임을 전했다. 그리고 그들에게 정식으로 일할 수 있는 내 후임 선교사를 추천했다. 내가 지는 해라면 그는 뜨는 해라고 하면서 말이다. 당신들이 나를 믿고 내 후임 목사를 담임목사로 받아준다면 나는 덤으로 따라올 거라고 했다. "하나 사면 하나 공짜!"(Buy One, Get One Free!)라며 익살을 떨자 성도들은 박장대소했다.

이후 성도들은 만장일치로 내 후임 선교사를 담임목사로 모시기로 결정했다. 얼굴도 보지 못한 채 내 말만 믿고 담임목사 결정을 내려 준 성도들이 진실로 고마웠다. 100년 넘는 전통이 있는 교회다보니 담임목사가 불려 다니는 자리가 달랐다. 슝고포비 교회에 있을 때는 몰랐는데 여기에서는 호피 마을 교회 연합의 행사들과 호피 인디언 마을의 선교 상황이 한눈에 들어왔다. 하나님이 한쪽 문을 닫으시더니 다른 문을 열어주시는 것인지, 하나를 내려놓게 하시더니 열 개를 쥐어주시는 것 같았다.

깊도다 하나님의 지혜와 지식의 풍성함이여, 그의 판단은 헤아리지 못할 것이며 그의 길은 찾지 못할 것이로다 _롬 11:33

과연 그랬다. 하나님은 절망의 끝에 선 내게 호피 인디언 선교의 새로운 지평을 보여 주셨다. 정말이지, 내 끝은 하나님의 시작이었다. 내 머리로는 그릴 수 없는 각본 없는 드라마였다. 이전에 섬기던 교회를 떠날 것을 결심하며 아파한 시간은 고통이 아니라 동터오는 새벽의 시간이었다. 더 넓고 큰 자리로 옮겨 주시기 위해 보금자리를 흩으셨음을 알 것 같았다.

하나님이 여시는 길

이런 일이 있은 지 얼마 지나지 않아 또 다른 놀라운 일이 일어났다. 포기해야 할 줄 알았던 영주권이 나온 것이다. 이민국 직원으로부터 휴대전화로 전화가 왔다. 내가 제출한 영주권 신청 서류에 대해 실제 방문 조사를 하고자 하니 30분 뒤에 만나자는 것이었다. 미리 통보하지 않고 느닷없이 주소지로 방문해서 신청자를 조사하는 것이 영주권 실사다.

이민국 직원은 내게 서류에 적힌 것들이 사실과 같은지를 따졌다. 그런데 달라진 것이 있었다. 내가 영주권을 신청했던 당시 내 체류 신분은 종교비자였고, 지금은 방문비자로 들어와 있는 상태였다. 어째서 이렇게 체류 신분이 바뀌게 되었는지를 묻는 이민국 직원에게 나는 그간의 일을 설명했다. 비자체류기간 안에 영주권을 얻지 못할 것 같아 수속을 포기하고 한국으로 귀국했노라고 말했다. 나는 앞으로도 이곳 인디언 선교지를 위해 일할 수 있게 될지 모르기 때문에 단 하루도 불법체류 기록을 남기고 싶지 않았다고 했다.

그러자 직원이 묻기를 그럼 당신이 일했던 '호피 미션 교회'에서는 누가 일하냐고 했다. 나는 내 옆에 있던 후임 선교사를 가리키며 '이 사람'이라고 했다. 그는 임태일 선교사의 종교비자를 보자고 했다. 그는 후임 선교사의 비자번호를 적고는 내게 다시 물었다.

"당신은 영주권 수속이 계속 이어지기를 바랍니까?"

나는 할 수만 있다면 그렇게 되기를 바란다고 대답했다. 그리고 그에게 내가 궁금했던 것을 물었다. 내 케이스가 아직 살아 있는 건지, 방문비자 상태에서 영주권 수속이 진행될 수 있는지 물었다. 그가 대답했다.

"이 목사님, 당신의 케이스가 흔한 경우는 아니지만 논리적으로 타당하고 합리적으로 들립니다. 그래서 저는 당신의 케이스를 승인하려고 합니다. 이제 피닉스 사무실로 내려가서 이 일을 처리할 것입니다. 당신은 보름 안에 노동허가서를 받게 될 것입니다. 그리고 3개월 안에 영주권을 받게 될 것입니다."

내가 다시 물었다.

"만일 영주권이 나오기 전에 다시 제 방문비자 체류기간이 초과되면 어떻게 되나요?"

그는 한 번 더 연장할 수 있다고 말해 주었다. 나는 그에게 왜 이렇게 영주권 수속이 늦어졌는지, 그리고 이렇게 늦어지면 허락된 체류기간 안에 누가 영주권을 받을 수 있겠느냐고 물었다. 그가 미안해 하며 말했다. 사실은 몇 달 전에 실사를 나왔어야 하는데 내가 사는 플래그스태프 지역에 눈이 많이 와서 실사를 미루었다는 것이다.

나는 그의 말을 듣고서 속으로 무릎을 쳤다. 선교지가 요동치는 소식을 듣고 다시 들어왔기에 내가 실사를 받을 수 있었던 것이다. 그렇지 않았다면 내 케이스는 진짜 물 건너 갔을 것이다. 그리고 그가 최초에 나오려고 했다는 그 시기는 내가 한국에 있었을 때다. 이민국 직원이 그때 나왔다면 역시 물 건너간 이야기가 되었을 것이다. 하나님은 절묘하게 타이밍을 맞추어 주셨다.

이민국 직원의 말은 사실이었다. 그의 말대로 노동허가서가 나왔고, 이어서 영주권이 나왔다. 내 케이스를 담당해 주던 변호사는 이런 경우를 처음 본다면서 "하나님께서 목사님을 존중해 주시는 것 같다"라고 말했다. 나는 뜻하지 않게 '영주권'이란 선물을 받게 된 것에 감사했다. 그리고 생각했다.

'왜 하나님이 이런 선물을 주신 걸까? 미국에 좀 더 남아 다른 사역을 하라는 말씀이신가?'

캄캄했던 상황에 한줄기 빛이 비추기 시작했다. 후임 선교사에게 일할 곳이 생겼고, 나도 좀 더 안정적으로 미국에 남아 어떤 일이든 할 수 있는 길이 열린 것이다.

하나님의 주관적 인도 방식

이 경험을 한 후 성경 말씀이 더욱 은혜롭게 읽혔다. 성경의 말씀은 사실이었다. 주인이신 하나님이 수월한 직진 길을 막으실 때는 다 뜻이 있으시다. 그러므로 종은 절대적으로 순종해야 한다. 그 길이 길고 지루하고 고통스러운 우회로라 할지라도 믿음으로 걸어야 한다. 이때 중요한 것은 삐지지 않는 것이다. 주인을 원망하지 않는 것이다.

모세가 당시 어찌 짐작이나 했으랴. 하나님이 에돔을 우회한 대가로 아모리 왕 시혼과 바산 왕 옥의 영토, 우리가 '길르앗'이라고 부르는 요단 동편의 드넓은 목초지를 주려 하신다는 사실을! 그 땅은 훗날 르우벤 지파와 갓 지파, 므낫세 반 지파의 영토가 되었다.

하나님이 우리에게서 하나를 거두실 때 반드시 기억할 것이 있다. 그것은 훨씬 더 좋은 것을 주시기 위함이라는 믿음을 가져야 한다는 것이다. 그러므로 하나님이 내게 있는 것을 거두어 가실 때 "아멘!" 할 수 있어야 한다. 그것이 참으로 아까워 보여도 말이다.

하나님이 우리를 인도하시는 방식은 참으로 주관적이시다. 내게는 청천벽력같은 일인데도 나와 상의하지 않으시고 독자적으로 일을 벌이신다. 그래서 하나님의 인도하심이 납득이 안되는 때가 있다. 그러나 그럴수록 종은 주인의 말씀에 순종해야 한다. 호흡을 가다듬을 필요가 있다.

종이 가야 할 길은 먼 길이다. 하나님이 다 보여 주시지 않는 길을 걷는 것은 고통스럽다. 그러나 이 길도 다 주인의 계획 속에 있는 길이라고 믿으면서 기도로 주인과 소통해야 한다.

고난은 종에게 옵션이 아니라 필수다. 이 싸움은 종의 전쟁이 아니라 주인의 전쟁이다. 고통을 얼마나 잘 견디느냐에 따라서 종의 등급이 달라진다. 너무나 유명한 말씀인데 막상 실전에 부딪치면 곧잘 잊어버리는 말씀이 있다. "고난이 종을 쓰러뜨리는 것이 아니다. 끝까지 순종하지 못하는 종이 스스로 무너질 뿐이다."

> 야곱아 어찌하여 네가 말하며 이스라엘아 네가 이르기를 내 길은 여호와께 숨겨졌으며 내 송사는 내 하나님에게서 벗어난다 하느냐 너는 알지 못하였느냐 듣지 못하였느냐 영원하신 하나님 여호와, 땅끝까지 창조하신 이는 피곤하지 않으시며 곤비하지 않으시며 명철이 한이 없으시며 피곤한 자에게는 능력을 주시며 무능한 자에게는 힘을 더하시나니 소년이라도 피곤하며 곤비하며 장정이라도 넘어지며 쓰러지되 오직 여호와를 앙망하는 자는 새 힘을 얻으리니 독수리가 날개치며 올라감 같을 것이요 달음박질하여도 곤비하지 아니하겠고 걸어가도 피곤하지 아니하리로다 _사 40:27-31

진짜 승부는 마라톤 벽에서 갈라진다

흔히 인생을 마라톤에 비유한다. 마라톤은 고통스러운 경기다.

마라톤에 도전하는 많은 사람들이 마라톤 풀 코스를 완주하지 못하는 이유는 마라톤의 복병인 30킬로미터 지점에서 만나게 되는 '마라톤 벽'(Marathon Wall) 때문이다. 이전까지 잘 달리던 선수들이 이 지점에 이르면 갑자기 주저앉거나 걷는다. 그리고 아주 많은 선수들이 이 지점에서 경기를 포기한다. 어떤 선수들은 갑자기 발바닥이 땅에 딱 달라붙는 느낌이라고 말하기도 한다. 그래서 마라톤은 42.195킬로미터가 아니라 30킬로미터 이후인 12.195킬로미터를 뛰는 경기라고 했다.

인생에서도 마라톤 벽과 같은 장애물을 맞닥뜨리게 되는 순간이 있다. 마음과 생각을 뒤덮는 깊은 어둠, 철석같이 믿었던 것들이 무너지는 혼돈, 인간의 무가치함과 절망에 대한 의식, 자기 자신의 무기력함, 통제 불가능한 눈물. 이런 것들이 삶의 레이스를 힘겹게 만든다. 그러나 이런 고통이 있기에 누가 훌륭한 선수인지가 선별되는 것이다. 황영조 선수가 이렇게 말했다.

"초보자들에게는 지옥 구간인 마라톤 벽을 선수들은 오히려 기다립니다. 그들의 스피드가 현저히 떨어지는 그 시점에 선수들은 더 힘차게 달립니다. 어차피 승부는 그 지점에서 갈리니까요."

맞는 말이다. 신앙의 세계에서도 마찬가지다. 종들의 진위가 가려지는 순간은 고난의 한가운데이다.

03

종은 떠들지 않는다, 다만 일할 뿐

어느 책에서 읽은 내용이다. 좋은 이웃을 소개하는 내용이었는데 대구 어디쯤에서 조그만 식당(횟집)을 운영하신다는 사장님 부부가 소개되었다. 이 식당 성냥갑에는 사장님이 직접 쓰셨다는 12행시가 적혀 있다고 한다. '가지마 세월아 가면 어찌하나'라는 열두 글자다.

가: 가난한 과거가 밑거름 되어

지: 지금도 마음 전부 최선을 다한다

마: 마음의 진실은 자식의 교육이며

세: 세월이 흐른 뒤에 물려줄 유산이다

월: 월급 받던 그때는 총각이었고

아: 아이 딸린 지금은 사장이 되어 있네

가: 가만히 생각하니 세월이 흘러서
면: 면상에 주름이 가득하구나
어: 어찌하랴 지금도 가난하지만
찌: 찌든 과거 다시 한 번 돌아보면서
하: 하나님과 사람들 앞에서
나: 나 자신 최선을 다하리

진실함이 묻어나는 시의 여운이 깊다. 감동적인 것은 사장님 내외의 숨겨진 선행이었다. 이분들은 같은 동네에 거주하는 독거노인과 소년소녀 가장들에게 토요일 점심식사를 대접하는 일을 이십 년 넘게 해오고 계셨다. 이분들의 선행이 알려지자 이들은 완강히 손사래를 쳤다고 한다. 돈을 매번 안 받은 것도 아니고 '달랑' 일주일에 한 번 안 받은 건데 그게 무슨 선행이냐는 것이다. 자기들이 좋은 이웃이면 세상에 좋은 이웃들 다 죽은 것이라고도 했다. 거동이 불편하신 독거노인에게는 배달이라도 해드리고 싶은데, 자신도 먹고 사는 것이 바빠 그걸 못해 미안할 뿐이라고 했다. 나는 이분들의 이런 마음이 귀하다고 생각한다.

왼손은 모르는 오른손의 일

마태복음 25장 31절 이하에 보면 주님이 다시 오실 때 양과 염소를 구별하시는 이야기가 나온다. 의인과 악인을 구별하시는 기준은 다른 것이 아니었다. "내가 주릴 때에 너희가 먹을 것을 주었고, 목마를 때에 마시게 하였고, 나그네 되었을 때에 영접하였고, 헐벗었을 때에 옷을 입혔고, 병들었을 때에 돌보았고, 옥에 갇혔을 때에 와서 보았느니라" 하는 것들이었다. 주님은 지극히 작은 선행 하나하나를 기억하셨다. 그런데 주님이 이렇게 말씀하실 때 의인들은 이렇게 반응했다.

> 이에 의인들이 대답하여 이르되 주여 우리가 어느 때에 주께서 주리신 것을 보고 음식을 대접하였으며 목마르신 것을 보고 마시게 하였나이까 어느 때에 나그네 되신 것을 보고 영접하였으며 헐벗으신 것을 보고 옷 입혔나이까 어느 때에 병드신 것이나 옥에 갇히신 것을 보고 가서 뵈었나이까 하리니 _마 25:37-39

주님이 그렇게 했다고 하실 때 의인들은 우리가 언제 그렇게 했는지 반문한다. 사소한 선행을 베풀고서도 침소봉대하며 떠벌이는 것이 똑똑한 처세요 세상의 상식으로 통하는데, 저들은 그 반대였다.

누가복음 10장 25절 이하에 보면 선한 사마리아인의 비유가 나온다. 그는 예루살렘에서 여리고로 내려가는 길에 강도를 만나 거반 죽게 된 사람을 만난다. 강도 만난 사람을 본 그는 그 사람을 불쌍히 여겼다고 했다. 그래서 가까이 다가가 기름과 포도주를 그 상처에 붓고 싸매어 자기 짐승에 태워 주막으로 데리고 가서 돌보아 주었다. 그는 이튿날 떠나면서 주막 주인에게 두 데나리온을 건네며 이렇게 말했다.

"이 사람을 돌보아 주십시오. 비용이 더 들면 내가 돌아올 때 갚아주겠습니다."

두 데나리온은 노동자의 이틀치 품삯으로, 주막 주인에게 신뢰를 주기에 충분한 금액이었을 것이다. 생각해 보면 선한 사마리아인은 그날 분수에 넘치는 짓을 했다. 추후 주막 주인이 얼마를 청구할 줄 알고 백지수표와 같은 말을 남긴단 말인가. 강도 만난 이를 돌보는 일은 예정된 일이 아니었다. 구제의 대상 또한 그의 선행을 알아주지도 않을 유대인이었다. 실로 선한 사마리아인의 구제는 평생 한 번 있을까 말까 한 희귀한 구제였다. 구제의 영적 의미와 질적 완성도를 보아 그렇다.

대구 독도 물텀벙 횟집 사장님, 마태복음에 등장하는 양의 반열에 섰던 의인들, 누가복음에 나오는 선한 사마리아인. 이들의 공통점은 자신들의 선행에 대해 요란하게 떠들지 않았다는 것이다. 세상 모든 사람들이 이들과 같은 마음으로 살아간다면 세상이 얼마나 따뜻해질까. 나는 구제의 정신이 여기에 있다고 본다. 구제에서 중요한 것은 무엇을 어떻게 나누는가 하는 것이 아니다. 오른손이 한 일을 왼손이 모르게 하는 것도 아니다. 구제의 핵심은 나누고서 잊어버리는 것이다. 잊어버려야 다음 번에 또 나눌 수 있다.

구제나 선행의 기억은 내가 하는 것이 아니라 주님이 하시는 것이다. 구제가 몇 번씩 우려내는 사골곰탕 같은 것이 되어서는 안 된다. 남을 도왔다는 것이 우리의 자랑이 되어서도 안 된다. 종들은 지속적인 선행을 하면서도 이것이 선행인지 모르고 하는 단계까지 나가야 한다. 주인이 이런 삶을 원하시니 종으로서 당연히 그렇게 하는 것뿐이라고 여겨야 한다. 이것이 마음을 복되게 간직하는 것이다.

막 쓰실 수 있는 종

아내는 선교지를 조용히 떠나자고 했다. 미국에 남아 이민 개척교회를 하자고 했다. 당신을 위해 잘 차려진 밥상을 기다리지 말고 우리 손으로 교회를 세우자고 했다. 당신이 쓴 책 《채워주심》에서 그렇게 말하지 않았느냐고. 하나님이 귀히 쓰시는 종이 아니라 막 쓰시는 종이 되어도 좋겠다고 하지 않았느냐고 했다. 그렇게 고백했다면 고백한 대로 실천하자고 했다. 내가 그랬던 적이 있었던가? 생각해 보니 그랬다.

> 진흙 묻은 발(주까꾸꾸, 내 인디언식 이름)은 대리석 바닥이나 값비싼 양탄자가 깔린 곳을 다니는 발이 아니다. 진흙묻은 발

은 고상한 발이 아니다. 하나님은 우리 모두를 진흙 묻은 발로 부르셨다. 그 발은 일하는 발이며, 험한 곳을 마다하지 않는 발이다. 하나님께서 귀히 쓰시는 종이 아니라 막 쓰시는 종으로 불러주셔도 감사할 따름이다.

_《채워주심》 중에서

감사하게도 하나님은 빠른 시간 안에 마음을 추스르고 출발선에 설 수 있도록 믿음을 주시고 환경을 열어주셨다. 그즈음에 우리 선교지를 다녀갔던 여러 교회 목사님들로부터 전화가 왔다. 사역하던 숑고포비 교회에서 내가 쫓겨났다는 소식을 들었는데 어찌된 일이냐고 물었다. 이분들의 전화를 받고서 나에 대해 안 좋게 떠드는 이들이 있다는 것을 알았다. 그러나 일절 변명하지 않기로 했다. 이게 다 내가 부족해서 일어난 일이니 기도해 달라고만 말씀드렸다. 그리고 조용히 선교지를 떠나 교회를 개척하기로 했다. 나와 아내의 결심을 주변 사람들에게 알리는 것으로 개척 준비에 시동을 걸었다.

내가 교회를 개척하겠다고 하니 많은 분들이 말리셨다. 나이 마흔 넘어서 무슨 개척이냐, 요즘은 개척교회가 되는 시대가 아니다…. 개척교회를 경험하신 목사님들조차 신중에 신중을 기하라고 조언해 주셨다. 창립멤버 없이 하는 개척은 무모한 열정일 수 있으며, 자칫하면 주변에 민폐가 될 수 있다고 하셨다. 그런데 그중 한분이 사뭇 다른 말씀을 해 주셨다. 그 분은 이런 내용의 메일을 보내주셨다.

"개척교회. 참 좋은 말이다. 시작하면 되게 하시는 분이 계셔서 좋고, 나와 보면 준비된 사람 있어서 좋고, 지나 보면 도와 준 사람 있어서 좋고, 내다 보면 채워주실 은혜 있어 좋고, 개척은 무조건 좋은 거다. 물론 아니라는 사람들도 있지만, 그건 그들이 몰라서 그런거고 잘 못해서 그런거다. 목회의 진정한 행복은 개척자들이 누리는 거다. 그냥 부임한 목사들은 모를거다. 네가 이 행복의 대열에 선다니 감사하다. 넌 무조건 된다. 난 하나님께서 널 귀하게 사용하실 줄 믿는다. 하나님은 살아 계시다. 그것도 시퍼렇게 말이다. 노하우가 필요하면 연락해라. 건투를 빈다."

격려가 이렇게 큰 힘이 되는지 예전엔 미처 몰랐다. 없는 용기도 끌어대야 할 판에 들은 말이어서 그런지 마음이 든든해졌다. 만가지 근심을 믿음과 희망으로 묶기로 했다.

등대는 나팔을 불지 않는다

'그럼 어디서 교회를 개척할 것인가?'

나는 미국 서부, 캘리포니아 산호세 실리콘밸리로 가기로 했다. 그곳은 한인 인구가 많음에도 우리 교단의 교회들이 취약한 지역 중 하나였다. 인터넷을 통해 아파트를 계약하고 이삿짐 트럭을 빌려 이사를 했다. 내가 살던 아리조나 플래그스태프를 떠나 캘리포니아 주 '쿠퍼티노'라는 생소한 도시까지 가려면 16시간을 운전해야 했다.

아리조나를 떠나면서 지난 7년 동안 수없이 오고간 40번 프리웨이를 지나는 느낌은 각별했다. 지금 가는 길은 방문하러 가는 길이 아니라 살러 가는 길이었다. 거기서 어떤 일이 일어날지 알지 못하고 가는 길이었다. 미국 내에서도 아름답기로 유명한 캘리포니아 1번 도로와 101번 도로를 달리면서도 풍경을 감상할 여유가 없었다.

교회를 개척하는 과정에서 경험한 하나님의 은혜는 말로 다할 수 없다. 하나님은 좋은 성도들을 순적히 만나게 하셨다. 하나님은 빠른 시간 안에 자립된 교회를 이루고 해마다 부흥하도록 은혜를 베풀어 주셨다. 내가 선교지에서 쫓겨나 산호세에서 교회를 개척했다더라는 이야기가 내 귀에까지 들려왔으나 개의치 않았다. 그런 이야기는 몇 년이 지나지 않아 묻히게 되었다. 호피 선교지 슝고포비 교회도 마찬가지였다. 시간이 지나면서 저들은 내게 대한 오해를 풀고 용서를 구했다. 그리고 다시 한국 선교사를 보내 줄 것을 요청했다.

어떤 일을 10년 동안 계속하면 경험이 된다.

20년을 계속하면 이력이 된다.

30년을 계속하면 원조가 된다.

40년을 계속하면 전설이 된다.

50년을 계속하면 신화가 된다.

올해(2017년)는 한국인의 호피 인디언 선교가 22주년을 맞는 해이다. 그렇다면 이제는 이력이 붙은 셈이다. 나는 혼자 사역했으나 지금 호피 인디언 선교지에는 세 명의 감리교 선교사들이 활동하신다. 이들의 수고로 호피 선교는 더욱 많은 결실을 맺게 될 것이다. 한국인들의 호피 선교가 훗날 전설이 될지 신화가 될지는 모르겠다. 분명히 아는 건 오직 선한 사마리아인 같은 마음으로 일하는 오늘이 있을 뿐이다.

"등대는 나팔을 불지 않는다. 다만 비출 뿐!"

04

종이 받을 보상은 주인의 돈이 아니다

성경은 '복'(福) 이야기로 가득 찬 책이다. 처음 책인 창세기 1장에는 하나님이 인간을 만드시고 복을 주셨다는 말씀이 나온다. 마지막 요한계시록 22장에서는 예언의 말씀을 지키는 자들에게 복이 있을 것이라고 한다. 성경의 중간쯤 위치한 시편의 1편도 "복 있는 사람은"이라는 문구로 시작한다. 이처럼 성경은 각종 복에 관한 선언과 약속의 말씀들로 가득하다.

그러나 요즘 현대인에게는 만복이 필요 없어 보인다. 물질 축복이 최고다. "예수 믿고 복 받았다!"라는 소리는 "저 집이 대박을 맞았는데 교회 다니는 사람이라더라"라는 소리로 들린다. 내가 개척교회 목사라고 소개하자 어떤 성도는 "아! 그러세요? 목사님도 대박 나셔야겠네요"라고 말씀하셨다. 아마도 그 분은 교회 부흥도 대박과 다름 없다고 생각하신 모양이다.

성도들 가정에 심방 가서 축복기도할 때 제일 큰 소리로 "아멘!"이 나오는 대목은 "주여, 이 가정에 물질의 축복을 주시옵소서"라고 기도할 때다. 영혼이 잘되야 범사가 잘되고 강건해진다는 것이 성경이 말하는 바른 순서인데, 오늘날은 그 순서가 뒤바뀐 것 같다. 건강하고 사업이 대박나면 영혼은 저절로 잘되는 거라고 생각하는 성도들이 많다.

복(福) 랭킹 1-5위

이런 생각을 해 보았다.

'성경에 나오는 복 중에서 오늘날 성도들의 입맛에 맞는 가장 화끈한 복은 무엇일까?'

그러면서 나름대로 1위에서부터 5위까지를 선별해 보았다. 먼저 5위로 선별해 본 것은 '갑절의 축복'이다. 이는 채워주심 더하기 채워주심의 복으로, 소박한 두 배의 축복이다.

> 여호와께서 욥의 곤경을 돌이키시고 여호와께서 욥에게 이전 모든 소유보다 갑절이나 주신지라 _욥 42:10

4위는 '삼십 배, 육십 배, 백배의 축복'이다. 이 대목에서부터 복이 차츰 뻥튀겨지기 시작한다.

더러는 좋은 땅에 떨어지매 어떤 것은 백배, 어떤 것은 육십 배, 어떤 것은 삼십 배의 결실을 하였느니라 _마 13:8

3위는 '천배의 축복'이다. 이제부터는 '배당액'이 기하급수적으로 증가한다.

너희 조상의 하나님 여호와께서 너희를 현재보다 천배나 많게 하시며 너희에게 허락하신 것과 같이 너희에게 복 주시기를 원하노라 _신 1:11

2위는 '만 배의 축복'이다. 이쯤되면 하나님도 책임지시지 못할 말씀을 하시는 것이 아닌가 살짝 염려된다.

우리의 곳간에는 백곡이 가득하며 우리의 양은 들에서 천천과 만만으로 번성하며 … 이러한 백성은 복이 있나니 여호와를 자기 하나님으로 삼는 백성은 복이 있도다 _시 144:13,15

그럼 대망의 1위는? 1위는 바로 '불로소득'이다.

네 하나님 여호와께서 네 조상 아브라함과 이삭과 야곱을 향하여 네게 주리라 맹세하신 땅으로 너를 들어가게 하시고 네가 건축하지 아니한 크고 아름다운 성읍을 얻게 하시며 네가 채우지 아니한 아름다운 물건이 가득한 집을 얻게 하시며 네가 파지 아니한 우물을 차지하게 하시며 네가 심지 아니한 포도원과 감람나무를 차지하게 하사 네게 배불리 먹게 하실 때에 _신 6:10-11

참으로 황송하기 짝이 없는 말씀이다. 손 하나 까딱하지 않아도 가재도구가 딸린 집이 저절로 생긴다. 포도원에 성읍이라니! 당장 팔아도 현금가치가 있는 부동산이 넝쿨째 굴러 들어올 거라 하신다. 그야말로 복 터진 복이다.

이 외에도 눈길이 가는 복들이 있다. 광주리와 떡반죽 그릇까지 복을 받는다는 말씀도 있고, 머리가 되고 꼬리가 되지 않게 해 주겠다는 말씀도 있고, 세상에서 1등하게 해 주시겠다는 복도 있다. 다 좋은 말씀들이다. 하지만 쫀득한 현찰의 맛을 따라잡기는 역부족이 아닐까 싶다. "네 자손이 하늘의 별과 같이 많아지리라"라는 복은 요즘엔 복 축에도 못낀다.

한국은 심각한 저출산 국가다. 먹고 살기 어려운 세상이니 자식 없이 우리끼리 잘살자는 '딩크족'(DINK, Double Income, No Kid)이 늘고 있다. 그러니 오래 살게 해 주겠다는 장수의 복은 복 축에도 못끼는 정도가 아니라 경우에 따라서는 저주로 인식된다. 노후 준비 없이 오래 사는 것은 고통스러운 일이기 때문이다. 사정이 이런데 "심령이 가난한 자는 복이 있나니" 하는 팔복 같은 것은 귓

등으로도 안 들린다.

그럼 이렇게 구미가 당기는 복을 누가 받는가? 이상한 것은 이 복을 받을 해당자를 1위부터 5위까지 호명하자 계속해서 똑같은 사람이 시상대에 올라온다. 갑절의 축복도, 백배의 복, 천 배의 복, 불로소득도 시상자는 똑같은 사람이다. 이것이 어찌된 일인가?

하나님께 무엇이라 기대되기 원하는가

성경에서 표현을 달리 하는 복들은 결국 하나다. 그것은 복의 풍성함을 나타내는 비유적 표현에 불과하다. 몇 천 벌의 의상을 바꿔가며 입고 나와도 모델은 하나이듯 그 복을 받는 사람은 하나다. 우리 눈을 사로잡는 뻥튀기 복은 진짜 복에 부상으로 딸려 오는 것들일 뿐이다. 진실된 종들은 진짜 복이 무엇인지 분별한다. 진짜 종들은 몸통 복에 관심을 둔다. 진짜 복의 외피를 두른 깃털 복에 마음이 빼앗긴다면 그건 본말이 전도된 것이다.

> 네가 내 종 욥을 주의하여 보았느냐 그와 같이 온전하고 정직하여 하나님을 경외하며 악에서 떠난 자는 세상에 없느니라 _욥 1:8

하나님의 이런 자랑 때문에 욥은 삶 전체가 너덜너덜해졌다. 재산, 자녀, 건강, 모든 것을 다 잃었지만 욥은 시험을 잘 견뎠다. 하나님은 그런 욥에게 갑절의 축복을 주셨다. 소나 양, 당나귀와 낙타 같은 짐승의 수가 이전보다 갑절로 늘어났다. 그리고 죽은 열 명의 자녀를 숫자 맞추어 다시 주셨는데 이번에 주신 딸들은 이전에 죽은 딸들보다 미모가 출중했다. 그리고 수명도 140년 연장되었다. 그렇다면 욥은 이것을 보상이라고 생각했을까? 그가 견딘 고난을 상쇄하고도 남을 복이라고 여겼을까? 단언컨대 아니다.

우리가 욥기를 읽으면서 '누구나 인생을 살아가며 고통을 당하는데 잘 견디면 갑절의 복을 받게 되니 잘 참고 견디자'라고만 읽었다면, 그건 정작 중요한 메시지를 놓친 것이다. 욥은 시험을 당하기 전부터 이미 하나님의 마음에 복된 종이었다. 사탄의 고난을 견디면서 그것은 증명되었다. 그는 처음부터 갑절의 축복 속에 산 사람이었으나 사탄의 시험을 거치면서 그 믿음이 과연 명품이었음이 드러났을 뿐이다.

이후 욥은 하나님께 더욱 복된 종으로 기억되었을 것이다. 이것이 욥이 받은 몸통 복이다. 하나님이 주시는 복은 우리가 무엇을 받는 것이 아니라 하나님께 무엇인가로 기억되는 것이다. 그리고 욥의 처지에서 보았을 때도 귀로만 듣던 하나님을 눈으로 뵙게 되었다는 것이 복이다. 친구도 보지 못했고 사탄도 보지 못했던, 주인과 종 사이에 흐르는 교제의 강화! 이것이 욥이 받은 진정한 복이다.

가당치 않은 보상

비슷한 맥락의 이야기가 신약성경에도 나온다. 마태복음 25장에는 우리가 잘 아는 달란트 비유가 나온다. 주인은 다섯 달란트와 두 달란트 남긴 종에게 똑같이 이렇게 칭찬했다.

> 그 주인이 이르되 잘하였도다 착하고 충성된 종아 네가 적은 일에 충성하였으매 내가 많은 것을 네게 맡기리니 네 주인의 즐거움에 참여할지어다 _마 25:21, 23

주인은 종들이 남긴 이익 때문에 칭찬하지 않았다. 주인이 맡긴 일이 종들에게는 대단할지 몰라도 주인에게는 그저 적은 일일 뿐이었다. 그런데도 주인은 종들을 과분하게 칭찬한다. 주인은 종들에게 돈으로 보상하지 않았다. 더 큰 사명을 맡기겠다는 한층 더 강화된 신뢰가 주인의 보상이다. 그리고 주인의 즐거움에 참여하라고 하셨다. 주인만이 가질 수 있는 즐거움에 종을 끼워주시겠다고 한다.

종 주제에 주인의 반열에 들어 즐거움을 함께 누린다는 것은 정말이지 성은이 망극한 보상이요 가당치 않은 보상이다. 달란트 비유는 수고한 종들에게 주인이 어떤 보상을 하는지 명확하게 보여준다. 예수님은 달란트 비유를 통해서 하나님의 종들에게 어떤 보상이 주어지는지 말씀하셨다.

십자가 보혈의 복음을 전하고 부활의 증인이 되어서 죽어가는 영혼을 건져내라는 것이 우리에게 주어진 사명이다. 우리는 이 일에 부름 받은 종이다. 그렇다면 우리가 하는 일은 생명을 구하는 일인데, 생명은 결코 돈으로 환산할 수가 없다. '천하보다 귀한 한 생명'이라고 주인이 말씀하지 않으셨는가? 만일 종들이 천하보다 귀한 생명을 구원하고 그 대가를 돈으로 받기 바란다면 그건 종들이 타락한 것이요, 보상을 돈으로 하겠다 하셨으면 그건 하나님이 종들을 기만하신 것이다.

> 여호와는 네게 복을 주시고 너를 지키시기를 원하며 여호와는 그의 얼굴을 네게 비추사 은혜 베푸시기를 원하며 여호와는 그 얼굴을 네게로 향하여 드사 평강 주시기를 원하노라 할지니라 하라
>
> _민 6:24-26

이는 백성을 향한 제사장의 축복 구절로, 하나님이 아론의 제사장들을 향해 콕 찍어 불러주신 기도문이다. 아마 많은 목사님들이 이 구절을 암송하고 있을 것이다. 나 역시 성도들에게 축복기도를 한 후 이 구절로 마무리한다. 나는 한때 '이 축복기도가 약간 밋밋하지 않나?' 하는 생각을 했다. 무슨 복이 이렇게 싱거운가 싶었다. 하나님이 바라봐 주신다니 좋기는 한데 그 다음에 뭐가 더 없냐는 것이었다. 백성이 무엇을 좋아하는지 제사장인 나도 아는데,

왜 그걸 하나님이 모르실까? 각론에 이르러서 한 문장만이라도 더 화끈하고 쫀득한, 현찰의 맛이 도는 그런 문장이 따라준다면 성도들이 큰소리로 "아멘!" 할 텐데 말이다.

그런데 이제는 알 것 같다. 하나님은 아론의 제사장들에게 그들 마음대로 복을 불러대지 말라는 뜻을 분명히 하셨다. 백성을 위한답시고 아무거나 불러대는 것은 주제넘은 일이다. 제사장들은 그저 "하나님께서 그를 향해 얼굴을 드시기를 바란다"라고만 말하라 하셨다. 거기까지만 말하면 나머지는 하나님이 알아서 하시겠다는 거다. 제사장은 백성에게 그분의 존재를 건네는 말만 심플하게 전하면 된다.

기도받는 백성이 이 기도를 알아듣고 하나님이 바라봐주시는 사람이 된다면 그의 인생은 끝난 거다. 하나님이 전적으로 붙드시는 축복의 인생이 시작된다. 하나님이 불러주신 이 축복기도문은 어느 하나 추가하거나 뺄 수 없는 완벽한 문장과 내용을 담고 있다. 하나님은 이런 복을 이스라엘 백성이 광야 행군을 시작하기 전에 말씀하셨다. 묵상할수록 너무나 은혜로우신 하나님이시다.

장차 올 일을 미리 본다면

요한계시록을 보면 사도 요한이 밧모 섬에서 극심한 고통 중에 있었음을 알 수 있다. 그 시대가 그런 시대였다. 핍박과 순교로 성도들이 고난당하던 때였다. 그런데 하나님은 그런 사도 요한의 형편을 아시면서도 환경을 바꿔주지 않으셨다. 하나님은 대신 사도 요한에게 "이리로 올라오라 이후에 마땅히 일어날 일들을 내가 네게 보이리라"(계 4:1)라고 말씀하셨다. 그리고 사도 요한에게 천국의 모습을 보여 주셨다. 사도 요한은 그 광경에 압도된다.

또한 그는 하나님의 보좌와 그 옆에 계신 인자의 모습을 본다. 이십사 장로와 여섯 날개를 가진 천사와 십사만 사천 명이 부르는 찬송소리를 듣는다. 하나님은 사도 요한에게 앞으로 펼치실 당신의 섭리를 시청각으로 보여 주신다. 사탄의 결박과 천년왕국, 새 하늘, 새 땅, 새 예루살렘의 모습 등, 끝간 데까지를 다 보여 주셨다. 고작해야 70년 살다가 죽을 사도 요한이 이런 무한한 시간과 어마어마한 광경들을 어떻게 다 이해했을까 싶다.

하나님은 그에게 아무것도 감추지 않으셨다. 그런데 놀라운 사실은 사도 요한이 이 광경을 보면서 힐링받았다는 점이다. 이 광경을 다 보고난 후 그는 "아멘, 주 예수여 오시옵소서!" 하고 외쳤다.

하나님은 사도 요한을 유한한 존재로 취급하지 않으셨다. 영원의 관점에서 그를 어떻게 다루실지 보여 주셨다. 하나님은 요한을 가장 가까운 자리로 초청하셨다. 이제 사도 요한은 하나님이 자신의 형편을 아시며 자신이 유한한 존재가 아니라는 것을 '보고' 돌아왔다. 현실의 환경이 달라진 것은 아무것도 없었지만 확실히 그는 강해져서 돌아왔다.

우리가 기도할 때마다 "하늘 문을 열어주소서"라고 비는 것은 사도 요한이 본 것을 우리도 보아야 어려움을 극복하고 나아갈 수 있기 때문이다. 하나님 나라를 본 사람은 이 세상 나라에서 용감하게 살아간다. 그 역시 현실의 문제 때문에 헉헉대지만, 그래도 견디며 나아간다. 그러나 하나님 나라를 보지 못하면 헉헉대다가 끝날 인생을 살 뿐이다.

사도 바울도 삼층천에 다녀 온 경험이 있는 사람이다. 그도 사도 요한이 본 것과 똑같은 환상을 보았을 것이다. 다니엘도 보았고, 에스겔도 보았다. 그리고 지금도 하나님은 누군가를 당신의 가장 가까운 자리로 초청하시고 그의 보좌를 보여 주신다. 종들이 힘을 내게 하기 위함이다.

> 내가 들으니 보좌에서 큰 음성이 나서 이르되 보라 하나님의 장막이 사람들과 함께 있으매 하나님이 그들과 함께 계시리니 그들은 하나님의 백성이 되고 하나님은 친히 그들과 함께 계셔서 모든 눈물을 그 눈에서 닦아 주시니 다시는 사망이 없고 애통하는 것이나 곡하는 것이나 아픈 것이 다시 있지 아니하리니 처음 것들이 다 지나갔음이러라 보좌에 앉으신 이가 이르시되 보라 내가 만물을 새롭게 하노라 하시고 _계 21:3-5

종들이 받을 보상은 주인의 품에 안기는 것이다. 하나님이 친히 그 눈물을 닦아 주겠다고 하신다. 하나님은 이 일을 다른 존재들에게 시키지 않으신다. 당신이 직접 하신다. “잘하였도다 착하고 충성된 종아” 하시면서 직접 위로해 주신다. 맡기신 일을 감당하느라 사망과 애통과 곡하는 것과 아픈 것을 지나온 종들에 대한 주인의 보상이다. 나는 이것만 묵상하면 심장이 터질 것같이 감격스럽다. 나도 사도 요한처럼 아무 말 못하고 꺼이꺼이 울 것 같다.

종이 받을 진짜 보상

우리는 하나님의 종이다. 나는 하나님이 우리를 욥처럼 신뢰하신다고 믿는다. 그렇다면 하나님이 기대하시는 종을 사탄이 비껴갈 리 없다. 혹시 당신의 삶에 벌써 그런 고통이 시작되었는지도 모르겠다. 뼛속까지 적시는 한아름의 고통 종합선물세트 때문에 눈물이 나는가? 주인이 주시는 힘으로 잘 견디며 나아가기를 바란다. 하나님이 당신에게도 하늘문을 열어주시기를 기도한다. 거기서 종들이 받을 보상의 실체이신 주인을 만나고 돌아오기를 바란다.

생명은 생명으로 보상 받는다. 종들이 받을 진짜 보상은 이 세상에 있지 않다. 그러니 진짜 보상은 그 나라에서 받기로 하고, 현재 당하는 고통이 장차 올 영광과 족히 비교할 수 없다는 말씀을 아멘으로 받자. 영원하신 하나님이 종들과 함께하신다. 하나님은 생명을 건지는 일을 하는 종들에게 영원한 생명으로 보상하는 주인이시다. 명심하자. 우리가 받을 보상은 이 세상의 돈이 아니다. 그 나라에 계신 우리 주인, 나의 하나님 그분 자체이다.

2부

주의 종에게 필요한 4가지 요소

네가 내 종 욥을 주의하여 보았느냐 그와 같이 온전하고 정직하여 하나님을 경외하며 악에서 떠난 자는 세상에 없느니라 _욥 1:8

비행기 기내에서 경험한 일이다. 식사가 끝난 후에 모든 창문을 닫으라는 방송이 있었다. 승객들의 수면을 돕기 위해 기내의 모든 불이 꺼졌다. 얼마쯤 지났을까. 창가 쪽에 앉았던 어떤 부인이 밖을 보려고 창문을 빼꼼 여는 순간, 무지개 빛깔의 수백 개 빛의 파편이 실내에 확 퍼졌다. 그 부인이 끼고 있던 다이아몬드 반지를 통해 반사된 빛의 아름다움이었다. '아, 이래서 사람들이 다이아, 다이아 하는구나' 하고 생각했다.

보석은 세 가지 조건을 갖추고 있어야 한다. 첫째, 희소성이 있어야 한다. 둘째, 경도가 높아서 물리적, 화학적 변화에도 내구성을 유지할 수 있어야 한다. 셋째, 빛깔이나 형태가 아름다워서 보는 이를 즐겁게 만들어 주어야 한다.

다이아몬드는 이 세 가지 조건을 모두 갖추고 있다. 그래서인지 다이아몬드는 가장 값비싼 보석으로 통한다. 다이아몬드의 품질은 다음의 요소들에 의해 결정된다. Color(빛깔), Cut(연마), Clarity(투명도), Carat(중량)이다. 이른바 다이아몬드의 4C다.

다이아몬드처럼 하나님 눈에 영롱히 빛나는 사람들이 있다. 이른바 다이아몬드 크리스천! 그들 역시 아름다운 빛깔과 내구성과 희소한 가치를 지닌 사람들이다. 다이아몬드 크리스천이 갖춘 4가지 요소는 순전함, 정직함, 여호와를 경외함, 악에서 떠남이다.

05

뼛속까지 예수님을 주인 삼은 순전함

"올인!(All In)"

도박에서 한판에 모든 것을 거는 행위를 말한다.

한 인간을 두고 어마어마한 존재 둘 사이에 내기가 벌어졌다. 하나님이 올인하셨고 사탄이 콜을 했다. 물러설 수 없는 판이 벌어졌다. 가볍게 시작한 대화가 심각해졌다. 분위기가 이렇게 된 건 피차에 자존심을 건드린 대화가 오갔기 때문이다. 하나님이 지신다면 '사람 보는 눈이 이리 어두우셔서 어찌 하나님 노릇을 하실꼬… 쯔쯧' 하는 사탄의 참소를 받으셔야 할 것이고, 사탄이 진다면 영물이 피조물에 패배한 꼴이 되니, 사탄의 고유업무에 근본적인 한계를 노출하는 것이 된다. 물러설 수 없었다. 그리고 서로 이길 자신이 있었다.

하나님은 사탄에게 욥을 자랑하셨다. 하나님이 자랑하신 것은 욥의 능력이 아니라 욥의 종다운 자세였다.

> 네가 내 종 욥을 주의하여 보았느냐 그와 같이 온전하고 정직하여 하나님을 경외하며 악에서 떠난 자는 세상에 없느니라 _욥 1:8

그의 순전함, 정직함, 하나님을 경외함, 악에서 떠난 태도를 칭찬하셨다. 하나님이 먼저 욥을 주의해 보셨다. 그리고 최종적인 결론을 내리셨다.

'저만한 종이 없다!'

'저 정도면 자랑할 만하다!'

하나님이 인정하신 종

자기가 하나님의 종이라고 자처하는 이들은 많다. 그러나 한꺼풀 들춰보면 그렇지 않다. 엘리사의 탈을 쓴 게하시 같은 종들이 많다. 겉으로는 멀쩡해 보이지만 평토장한 무덤같이 속은 더러운 것으로 가득 찬 종들이 얼마든지 있다.

종인데 주인 행세를 하는 종도 있다. 일을 하긴 하는데 눈가림으로 하는 종도 있다. 능력은 좋은데 태도가 안 좋은 종도 있다. 무늬만 종인 종, 짝퉁 종이 넘쳐나는 세상에서 유난히 한 종이 눈에 들어왔다. 그래서 시간을 두고 꼼꼼히, 깐깐하게 살펴보셨다. 그러한 과정 중에 하나님이 욥을 바라보시며 얼마나 잠잠히 기뻐하셨을지 짐작이 된다.

그런데 솔직히 사탄은 욥을 주의해 보지 않았다. 그래서 평상시 자신이 신봉하던 신념을 말씀드렸다.

“하나님, 세상에 까닭없이 주인을 섬기는 종은 없습니다. 그런 종들은 멸종되었습니다. 사람들이 당신을 섬기는 것은 당신 때문이 아니라 당신이 가진 지갑 때문입니다. 착각하지 마십시오. 저들이 사랑하는 것은 주인이 아니라 돈입니다. 당신이 순전하다고 생각하시는 종에게 두 가지를 시험해 보십시오. 첫째로 재산을 거두어 보시고, 둘째는 그의 뼈와 살을 쳐보십시오. 그러면 열이면 열, 모두가 하나님을 욕하고 떠날 것입니다.”

‘욥에게 하나님이 뼛속까지 주인인가?’

이게 하나님과 사탄이 벌인 게임의 내용이었다. 이에 대해 ‘그렇다’가 하나님 생각, ‘아니다’가 사탄의 생각이다.

이후로 이어지는 이야기는 눈물 없이는 볼 수 없다. 하나님의 자랑은 욥에게 재앙이었다. 이제부터 사탄이 욥을 ‘주의하여’ 보기 시작한다. 그 많던 재산이 하루아침에 다 날아갔다. 열 자녀가 하루아침에 한자리에서 죽었다. 건강하던 몸이 불치병에 걸리고 말았다. 사탄은 아픈 데만 골라가며 때렸다. 그래서 종으로 하여금 주인에 대해 도저히 순전할 수 없는 상황으로 몰고간다. 욥의 아내는 이런 고통을 견디지 못하고 남편에게 이렇게 말했다.

"당신이 그래도 자기의 온전함을 굳게 지키느냐 하나님을 욕하고 죽으라"(욥 2:9).

감당하기 벅찬 고난을 당하면 대부분의 사람들은 욥의 아내 말에 따랐을 것이다. 내가 아는 어떤 집사님은 자신에게 고통을 준 하나님에 대해 분노했다. 그는 하나님을 욕하고 죽기로 했다. 권총을 소지하고 있던 이분은 한 발을 하늘을 향해 발사했다. 하나님을 욕한 것이다. 그리고 다른 한 발을 자신에 머리에 대고 방아쇠를 당겼다. 자신도 죽으려 했던 것이다. 그런데 무슨 뜻인지 두 번째 총알이 불발되었다. 그때 천둥 같은 음성이 들렸고, 그는 선배 목사님께 전화를 했다. 선배는 그를 자살의 위기에서 구해냈다.

욥의 아내가 한 말은 사탄의 간절한 기도제목이다. 종과 주인 사이에 신뢰가 깨지고 종이 주인을 배반하면 게임은 종료된다. 그럼 사탄의 승리다. 욥이 어느 쪽에 유리한 카드로 뒤집힐 것인가? 욥을 가운데 두고서 두 존재가 불꽃같은 눈동자로 지켜보았을 것이다.

온전한 신뢰와 온전한 순종의 관계

순전한 종이란 하나님이 뼛속까지 주인임을 고백하는 사람이다. 어떤 고난과 시련이 닥쳐도 이 고백은 변치 않는다. 하나님은 욥이 그런 종이라는 것을 아셨다. 욥과 하나님 사이에는 깊은 신뢰의 끈이 연결되어 있었다. 사탄은 그 끈이 그렇게 질기고 튼튼할 줄 몰랐다. 이 정도 후려쳤으면 종이 주인을 욕해야 한다. 끈이 끊어졌어도 열댓 번은 더 끊어졌어야 한다. 종이 주인을 떠나도 벌써 떠났어야 한다. 그런데 욥은 어찌된 사람인지 그렇게 하지 않는다.

사탄의 입장에서 본다면 미치고 환장할 노릇이었을 것이다. 욥이 비록 하나님을 향해 거칠게 항변하지만 주인되심을 부정한 것은 아니었다. 끈을 끊은 것이 아니었다. 아니, 오히려 그는 그 끈을 더 굳게 붙잡았다. 그는 하나님을 육체 밖에서 뵈오리라고 말한다. 욥은 이 세상에서 대답되지 않는 자신의 질문을 하나님이 계신 저 나라까지 끌고 간다. 사탄이 한아름 안겨준 그 어떤 고통도 하나님과 욥 사이의 순전한 관계를 끊지 못했다.

순전한 종이란 성품 좋은 종을 말하는 것이 아니다. 도덕적으로 무흠한 종도 아니다. 순전한 종이란 주인이 뼛속까지 주인이시며 자신도 뼛속까지 종이라고 믿는 종이다.

이렇게 본다면 마가복음 10장 17절 이하에 나오는 부자 청년은 순전하지 못한 종이었다. 어느 날 예수님께 한 청년이 나아왔다.

"선한 선생님이여, 내가 무엇을 하여야 영생을 얻으리이까?"

예수님이 대답하셨다.

"네가 어찌하여 나를 선하다 일컫느냐? 하나님 한 분 외에는 선한 이가 없느니라. 네가 계명을 아나니 살인하지 말라, 간음하지 말라, 도둑질하지 말라, 거짓 증언하지 말라, 속여 빼앗지 말라, 네

부모를 공경하라 하였느니라."

그때 청년의 대답이 이러했다.

"선생님이여, 이것은 내가 어려서부터 다 지켰나이다."

그러자 예수님이 그를 사랑의 눈길로 바라보시며 다시 말씀하셨다.

"네게 아직도 한 가지 부족한 것이 있으니 가서 네게 있는 것을 다 팔아 가난한 자들에게 주라. 그리하면 하늘에서 보화가 네게 있으리라 그리고 와서 나를 따르라."

그러자 청년은 "재물이 많은 고로 이 말씀으로 인하여 슬픈 기색을 띠고 근심하며" 떠나갔다.

이 청년은 요즘 말로 하면 '엄친아'다. 부모님들이 바라는 이상적인 자녀다. 내 자녀가 이 정도만 되어 준다면 더 이상 바랄 것이 없는 할렐루야다. 그는 부자였다. 행실도 반듯했다. 율법의 계명을 어려서부터 지켰다고 한다. 묵상도 진지해 보인다. 예수님께 나아와 영생을 질문할 정도였다. 그러나 그는 예수님과의 짧은 대화 후에 근심하며 돌아갔다.

예수님은 그 청년에게 "너의 주인이 궁극적으로 누구냐?"라는 질문을 던지셨다. 청년에게 주인은 예수님이 아니었다. 그에게는 돈이 주인이었다. 그래서 눈 앞에 계신 영생의 주인이 "나를 따르라"라고 말씀하셨음에도 따라가지 못한 것이다. 그는 근심했고 결국엔 발걸음을 돌렸다. 예수님이 부자 청년에게 한 가지가 부족하다 하셨는데, 그 한 가지는 치명적인 부족함이었다.

어떤 종으로 남을 것인가

'순회선교단'의 '목회자 복음학교'에 참가한 적이 있다. 김용의 선교사는 말씀을 재미있게 하셨지만 나는 울음을 삼키며 들었다. 김 선교사의 표현을 빌리면, 하나님의 종에는 여러 부류가 있다고 한다. 제자인 척 따라다니다가 스승 팔아먹는 놈이 있는가 하면, 스승이 잡히실 때 겉옷 벗어던지고 도망가는 놈도 있다고 하셨다. 죽는 자리까지 스승과 함께 가겠다고 장담해 놓고는 그를 모른다고 세 번 부인하는 놈도 있다고 하셨다. 그런데 그중에 예수님과 함께 골고다 언덕을 오르고 그 십자가에 예수님과 함께 오르는 종이 있다고 하셨다. 선교사님은 우리의 신앙생활이 결코 애매하지 않다고 하셨다. 어떤 종이 어떤 말을 떠드느냐는 중요하지 않고, 그가 최종적으로 어디 가서 엎어지는지 보면 안다고 했다. 주인이신 예수님이 분명히 말씀하셨다.

> 나더러 주여 주여 하는 자마다 다 천국에 들어갈 것이 아니요 다만 하늘에 계신 내 아버지의 뜻대로 행하는 자라야 들어가리라 _마 7:21

내 딴에는 주인을 섬긴다고 열심히 섬겼는데 마지막에 주인이 그 공로를 몰라준다면 얼마나 당황스럽겠는가? 그러니 나중에 피차 얼굴 마주보기 곤란한 상황을 만들기 전에 지금 당신의 주인이 누구인지 점검하라고 하셨다. 예수님을 주인으로 고백하지 않고 따라가면 간 만큼 화가 된다고 하셨다.

부자 청년과 대조되는 경우가 누가복음 19장 1절 이하에 나오는 삭개오 이야기다. 삭개오는 예수님을 주인으로 고백한 사람이 아니었다. 볼품없는 외모에 손가락질 받는 직업을 가지고 있었다. 살아온 삶도 짐작컨대 아름답지 못했을 것이다. 예수님이 그의 집에 들어가셨을 때 사람들은 "저가 죄인의 집에 들어간다"라며 수군거렸다. 그러나 그날, 삭개오의 인생이 완전히 뒤집어졌다. 삭개오는 예수님께 이렇게 말씀드렸다.

> 삭개오가 서서 주께 여짜오되 주여 보시옵소서 내 소유의 절반을 가난한 자들에게 주겠사오며 만일 누구의 것을 속여 빼앗은 일이 있으면 네 갑절이나 갚겠나이다 _눅 19:8

초신자의 결단이 화끈하다. 어떻게 이런 일이 일어날 수 있었는가? 삭개오의 마음속에는 큰 소용돌이가 일고 있었다. 지금까지 주인으로 알고 살아온 것에서 돌이켜 새로운 주인을 모실 만한 회개가 일어났다. 그리고 회개에 합당한 결단을 내린 것이다. 예수님이 삭개오의 이런 중심을 아시고 말씀하셨다.

오늘 구원이 이 집에 이르렀으니 이 사람도 아브라함의 자손임이로다
인자가 온 것은 잃어버린 자를 찾아 구원하려 함이니라 _눅 19:9-10

뼛속까지 예수님이 주인인 사람

예수님이 뼛속까지 주인인 종을 말할 때 생각나는 사람이 있다. 내 사촌매형이시다. 매형은 서른이 넘어 신앙생활을 시작하셨다. 중고교 교사 생활을 하던 분이었는데 신학을 한 후 목사가 되었다.

사촌매형은 1986년에 여섯 명의 대학생을 앉혀놓고 제자훈련을 함으로 목회를 시작하셨다. 목회 초기에 훈련 받은 대학생 중에는 지금 내 친매형이 되신 강형식 목사도 있었다.

열심히 목회를 하신 결과 사역의 결실이 맺히고 교회가 든든히 서갔다. 사역이 상승곡선을 타기 시작했다. 사촌매형의 독특한 목회 방식과 교회에 대한 소문이 한국 교회에 알려지고 있었다. 그런데, 모든 것이 잘 풀려나가던 시기에 뜻하지 않은 장벽을 만나게 되었다. 2009년에 폐암 진단을 받으신 것이다.

수술 받지 않으면 6개월도 못 살 것이라는 의사의 말을 들은 매형은 고민하시다 수술을 받지 않기로 하셨다. 복음과 교회 공동체를 위해 목숨을 걸기로 하신 것이다. 교회 리더들과 가족은 수술 받기를 설득했다. 예배당에 누워서 예배드리는 한이 있어도 우리와 함께 오래 계셔달라며 눈물로 호소했다. 그러나 사촌매형의 의

지는 확고하셨다.

이때가 가족에게는 참으로 고통스러운 순간이었다. 매형이 암 진단을 받기 얼마전, 그 부인인 내 사촌 누님도 대장암 진단을 받고 수술과 항암 치료의 고통스런 터널을 막 힘들게 빠져 나온 직후였다. 가족이 겪은 심적 고통은 말로 다 할 수 없었다. 아내의 투병 과정을 곁에서 지켜보았기에 매형이 그런 결단을 내렸는지도 모르겠다. 남들이 볼 때는 어리석고 무모한 결정처럼 보였지만, 사촌매형에게는 생명보다 귀한 사명 앞에 서는 진지한 결단이었다.

매형의 말씀에 의하면 이 시기에 두 가지가 당신에게 큰 위로가 되었다고 한다. 하나는 '예수님이 나의 주인'이라는 생각이었고, 다른 하나는 시간을 정해서 드리는 기도였다.

'예수님이 나의 주인이신데 내가 이러면 안되지.'

매형은 이 시기가 종을 붙잡아 주시는 주님의 능력을 체험하는 귀한 시간이었다고 한다. 그 어떤 원망도, 어떠한 염려나 두려움도 없었다고 한다. 주인을 향한 원망이 아니라 주인이 주시는 큰 기쁨과 평강이 흘러 넘치는 시간이었다고 한다. 이후에 놀랍게도 하나님은 사촌매형의 암을 수술없이 완치시켜주셨다. 이것이 교회와 우리 가족들에게 큰 간증이 되었다. 이분이 요즘 한국 교회에서 주목 받고 있는 춘천 한마음 침례교회 김성로 목사다.

예수님을 주인으로 믿으면

"너는 나를 누구라 하느냐?"

예수님은 제자들에게 이렇게 물으셨다. 우리는 이 질문을 매순간 물어야 하고, 매순간 대답해야 한다. 혹시 주는 그리스도라 치고, 살아 계신 하나님의 아들이라고 치고, 그분이 내 주인이 되셨다고 치고, 나는 그분의 종이 되었다고 치고 있지는 않은가? 우리의 고백이 이러했기에 예수님도 이 고백 위에 그분의 교회를 세우려다 관두신 거다.

예수님을 나의 주인으로 믿지 않으면 사방으로 욱여쌈을 당할 때 싸이게 된다. 답답한 일을 당할 때 낙심하게 된다. 박해를 받을 때 버린 바 된다. 거꾸러뜨림을 당할 때 망하게 된다.

그러나 예수님을 주인으로 믿으면 그 믿음이 나를 어떤 환경에서도 오뚝이처럼 일어나게 한다. 바울 사도의 말처럼 그리스도의 고난이 넘친 것같이 우리가 받는 위로도 그리스도로 말미암아 더욱 넘친다고 말할 수 있는 종이 된다. 고난 때문에 원망하는 것이 아니라 고난 중에 받는 위로 때문에 감사하게 되는 것이다.

당신은 주인에게 어떤 종으로 기억되고 싶은가?

> 우리가 살아도 주를 위하여 살고 죽어도 주를 위하여 죽나니 그러므로 사나 죽으나 우리가 주의 것이로다 이를 위하여 그리스도께서 죽었다가 다시 살아나셨으니 곧 죽은 자와 산 자의 주가 되려 하심이라 _롬 16:16

우리는 우리를 전파하는 것이 아니라 오직 그리스도 예수의 주 되신 것과 또 예수를 위하여 우리가 너희의 종 된 것을 전파함이라
_고후 4:5

예수님이 나의 주인이신 이유는 이제부터 내가 주인으로 모시려고 결심했기 때문이 아니다. 나의 결심과 상관없이 예수님은 십자가에서 죽으시고 부활하셔서 이미 모든 사람의 주인이 되셨다. 부활하신 예수님을 믿는다는 것은 예수님을 나의 주인, 나의 하나님으로 믿는 것이다.

도마가 대답하여 이르되 나의 주님이시요 나의 하나님이시니이다
_요 20:28

여기서부터가 시작이다. 예수님이 나의 주인이 되심을 선명하게 고백하는 그 지점이 순전한 성도의 출발점이 된다. 주인 없는 종은 애당초 존재할 수 없고, 주인되심을 인정하지 않는 종은 순전한 종이라 할 수 없기 때문이다.

06

하나님 앞의 형통을 추구하는 정직함

하나님이 자존심을 거신 종이 갖춘 두 번째 품성은 정직함이다. 하나님은 정직한 종을 기뻐하신다. 사탄의 별명은 '거짓의 아비'(요 8:44)요, 예수님의 별명은 '아멘이시요 충성되고 진실된 증인'(계 3:14)이시다.

'마피아 게임'이라는 것이 있다. 나는 이 게임을 단기선교팀에게서 배웠다. 단기선교팀들 중 많은 팀들이 이 게임을 즐기는 것을 보았다. 별다른 준비 없이 여럿이 할 수 있는 게임이어서 그럴 것이다. 게임 방법은 이렇다. 모든 참가자는 자신만이 볼 수 있는 쪽지를 하나씩 선택한다. 그 쪽지를 펼쳐보면 내가 이 게임에 마피아로 참여할지, 시민으로 참여할지를 알게 된다. 마피아는 한 사람이다. 나머지는 시민인데 다수의 시민이 소수의 마피아를 색출하는 것이다.

마피아가 된 사람은 자신에게 쏟아지는 의심을 거짓말로 방어하면서 시민을 제거해야 한다. 반대로 시민은 마피아로 의심되는 사람을 제거해야 한다. 마피아를 맞추면 게임이 끝나지만 잘못 맞추면 게임이 계속된다.

이 게임에 흐르는 전반적인 분위기는 추측, 의심, 오해, 혼란, 왜곡, 반감이다. 초보자는 설명만 듣고서는 모른다. 그래서 팀원들이 게임하는 것을 몇 번 지켜보았다. 몇 번 지켜보니 이해가 되었다. 팀원들이 둘러앉아 오손도손 새빨간 거짓말을 해대는 모습이 귀여웠다. 나는 마피아가 누구인 줄 아는데 어쩜 저것이 입술에 침도 안 바르고 거짓말을 저리 잘하는지 감탄이 절로 나왔다.

살아 남은 자들의 거짓말

맘껏 풀어놓은 거짓말을 두른 혀들은 독사가 되어 이 사람 저 사람을 문다. 개인대 만인, 만인대 개인의 거짓말이 판을 친다. 천성적으로 거짓말을 못하는 애들이 있다. 그런 애들이 있으면 게임이 싱거워진다. 막바지로 접어들수록 살아 남은 자들의 거짓말은 환상적 경지에 이른다.

이 게임을 처음 해본다는 자매가 있었다. 모두가 그 자매 때문에 게임이 재미없어질 거라고 생각했다. 예상 밖으로 그 자매가 마지막까지 살아 남았을 때 모두들 혼란스러워했다. 자매는 눈물을 흘리며 왜 다들 나를 의심하냐고 했다. 그러나 그녀는 마피아였다. 그 자매가 달리 보였다.

마피아 게임을 몇 번 해보면서 나는 내가 거짓말에 상당한 소질이 있다는 것을 알았다. 단박에 초급자에서 상급자로 진급했다. 내가 빠지면 재미없다는 소리까지 들었다.

"얘들아! 내 말 못 믿겠니? 내가 누구야, 응? 나 선교사야. 너네 선교사들이 거짓말하는 것 봤어? 봤어? 나 정말 마피아 아니야!"

한번은 예배를 드리기 전에 이 게임을 했던 적이 있다. 게임을 마치고 인도자가 "다같이 마음을 정돈하시고 묵상기도 드리심으로 예배를 시작하겠습니다"라고 했다. 그러나 마음이 정돈될 리가 없다. 그리고 내가 말씀을 전하려고 강단에 서자 팀원들이 나를 보며 싱글싱글 웃었다. 마피아 게임할 때 보았던 딱 그 표정들이다.

'지금 선교사님이 하시는 말씀은 다 뻥이야.'

그렇게들 생각하는 것 같았다. 말씀이 제대로 전해질 리가 없었다. 말씀을 전하면서 톱밥 씹는 듯한 느낌이 들었다. 성령님께서 내 안에서 탄식하신다는 느낌이 들었다. 그때 그 느낌은 참으로 참담했다. 나는 그 후로 마피아 게임을 하지 않는다.

나는 정직한가?

> 내가 두 가지 일을 주께 구하였사오니 내가 죽기 전에 내게 거절하지 마시옵소서 곧 헛된 것과 거짓말을 내게서 멀리 하옵시며 나를 가난하게도 마옵시고 부하게도 마옵시고 오직 필요한 양식으로 나를 먹이시옵소서 _잠 30:7-8

기도제목이 거짓말을 하지 않게 해달라는 것인 사람이 있었다. 그의 이름은 아굴이었다. 그가 거짓말의 어떤 추악함을 보았기에 평생의 기도제목으로 삼았을까 싶다. 소박해 보이는 청원이지만 음미할수록 가볍지 않은 아굴의 영성이 느껴진다.

> 내 마음의 정직함이 곧 내 말이며 내 입술이 아는 바가 진실을 말하느니라 _욥 33:3

욥은 잘못한 것이 있으면 회개하라고 재촉하는 친구들에게 자기는 잘못한 것이 없다고 짱짱하게 버틴다. 하나님이 내 중심을 아실 거라고 말한다. 자신의 마음이 여인에게 유혹되었던 적이 없었고, 문틈으로 이웃의 것을 엿본 적도 없다. 가난한 자의 소원을 막았던 적도 없고, 고아와 과부의 어려움을 외면한 채 혼자 떡덩이를 먹었던 적도 없다고 했다. 내가 거짓말을 하는 것이면 하나님이 나를 재판에 회부해도 좋다고 말한다.

욥의 이러한 주장은 교만한 자의 어리석은 항변이 아니다. 정직한 자의 항변이다. 이런 고백은 아무나 할 수 있는 것이 아니다. 욥은 자신의 정직을 자기를 가장 잘 아는 두 존재들, 곧 친구들과 하나님 앞에서 주장하고 있다. 그가 가진 무기는 생명을 건 정직이었다.

이런 욥기를 읽으며 우리 자신을 살펴보지 않을 수 없다. 나는 과연 나의 정직한 삶을 무기로 하나님께 이렇게 들이대본 적이 있었는가? 하나님께 정직했던 자는 불평도 얼마든지 찰지게 할 수 있다. 욥은 하나님을 상대로 최초로 법정소송을 제기했던 인물이다. 욥은 제3의 판결자를 요청한다. 삼수갑산을 가는 한이 있어도 하나님 앞에서 "주인님, 제가 무엇을 잘못해서 이런 고통을 당하는 것입니까? 한 말씀만 해보소서" 하며 진실에 목숨 걸고 항변해 보았던 적이 있었는가? 욥이 잘했다는 것이 아니다. 그러나 하나님은 그의 말이 정당하다고 평해주셨다.

부정직한 성도를 정직하게 변호하다

최근에 나는 정직과 관련해 드라마틱한 경험을 한 적이 있다. 우리 교회에 중국 연변에서 온 조선족 동포가 있다. 이분이 자신을 위해서 법정에 증인으로 출두해 달라고 부탁을 해왔다. 이민국 판사 앞에서 자신이 교회에 열심히 출석하며 헌신하는 좋은 교인이라는 것을 증언해 달라고 했다. 나는 망설였다. 그녀가 좋은 교인이 아니었기 때문이다. 그러나 처지가 딱했기에 그러겠다고 했다.

이분과 함께 샌프란시스코 이민법정에 들어섰을 때 이분의 케이스를 알게 되었다. 이분은 종교망명(asylum)을 신청했다. 중국이 공산국가이기에 종교망명 케이스가 가능했던 것이다.

그런데 그녀는 첫 번째 심사에서 탈락되었다. 이유를 알고보니 판사가 "출애굽을 이끈 사람이 누구냐?"라고 물었을때 "예수님"이라고 대답했다는 것이다. 서류상 중국에 있을 때 지하교회에서 열심히 예배를 드렸고 공안으로부터 종교 탄압을 받은 적이 있었던 것으로 되어 있는 사람이 출애굽의 주인공이 모세라는 기초적인 성경 상식을 몰랐던 것이다. 어이 없어한 판사는 주기도문을 외워보라고 했고 그녀는 당연히 못 외웠다.

판사는 그녀의 케이스를 기각했다. 망명법 절차상 추방되기 전에 마지막으로 판사 앞에서 한 번 더 자신을 소명할 기회가 있는데, 지금이 바로 그 시점이었던 것이다. 망명 심사라는 것이 한 번 결정이 내려지면 번복되는 것이 쉽지 않다. 법정에서 그녀가 선임한 중국인 변호사를 처음 봤다. 그는 나를 본체만체했다. 그도 그럴 것이 나는 그가 데려오라 한 증인이 아니었다. 의뢰인이 지푸라기라도 잡는 심정으로 시키지도 않은 짓을 한 것이고, 나는 그런 그녀를 따라온 사람일 뿐이다.

굳이 내게 비관적인 상황을 설명할 필요는 없었을 것이다. 그는 판사가 나를 부르지 않을 수도 있다고 말했고, 나는 알았다고 했다. 그런데 다행히 판사가 나를 불렀다. 오직 진실만을 말할 것을 선서한 후에 증인석에 앉았다. 판사가 내게 물었다.

"이분은 목사님 교회에서 신실한 성도입니까?"

내가 대답했다.

"신실한 성도라고 말씀드리기 어렵습니다."

판사는 의아하다는 듯이 물었다.

"어떤 점에서 그렇지요?"

나는 판사에게 신실한 교인이란 주일출석 외에 신앙훈련 정도, 성경지식, 십일조, 봉사활동 등 여러 가지를 참고해 목사가 판단하는 것이라고 말씀드렸다. 신실한 교인의 최고 레벨이 10이라고 한다면 그녀는 2나 3 정도에 머물러 있는 분이라고 대답했다. 판사가 다시 물었다.

"그럼 당신은 여기 왜 왔습니까?"

나는 그녀가 훈련된 성도는 아니지만 그렇다고 믿음이 없는 사람은 아니라고 말씀드렸다. 그녀에게는 중국에 두고 온 세 살짜리 늦둥이 막내아들이 있었다. 그녀는 교회에 올 때마다 그 아들을 위해서 기도했다. 나는 그녀의 기도가 진실하다고 믿었다. 나는 판사에게 그녀가 성숙한 믿음은 아니어도 진실한 믿음을 가진 것만은 분명하다고 말씀드렸다. 판사는 검사에게 질문할 것이 있으면 하라고 했다. 검사가 물었다.

“목사님은 이분의 케이스가 종교망명이라는 것을 알고 계셨습니까?”

“아니오. 몰랐습니다.”

“우리가 이분에게 자유를 허락한다면 이분이 목사님의 교회를 떠날 것 같습니까?”

“예, 그럴 것 같습니다. 그러나 그렇다고 해도 믿음을 포기할 것 같지는 않습니다.”

피고석에 앉은 그녀를 바라보았다. 울고 있었다. 검사는 더 이상 내게 질문할 것이 없다고 했다. 판사는 나가도 좋다고 했다. 재판정을 나와 아내가 기다리는 복도로 나왔다.

나는 판사가 이 재판을 길게 끌지 않을 거라고 생각했다. 판사에게 그녀의 신앙 정도를 다 꺼내보였기 때문이다. 나의 증언은 그녀에게 매우 섭섭하게 들렸을 것이다. 한 10분 정도 지났을 때 그녀가 상기된 얼굴로 깡충깡충 뛰어오고 있었다. 그녀 뒤로 넋이 나간 표정의 변호사가 따라왔다. 변호사가 내게 말했다.

“판사가 이분의 종교망명을 허락했습니다. 이분에게는 앞으로 보름 안에 노동허가서가 발급될 것이고, 3개월 이내에 영주권이 나올 것입니다. 그리고 중국에 있는 막내아들을 미국으로 데려오기 원한다면 이 케이스에 묶어 진행하라고 했습니다.”

“할렐루야!”

나는 나도 모르게 변호사를 끌어안았다. 변호사는 내게 당신의 증언을 듣고 판사의 마음이 움직인 것 같다고 했다. 변호사의 말대로 영주권이 나왔고, 중국에 있는 그녀의 아들이 초청되었다.

정직의 축복은 거룩이다

> 여호와여 주의 장막에 머무를 자 누구오며 주의 성산에 사는 자 누구오니이까 정직하게 행하며 공의를 실천하며 그의 마음에 진실을 말하며 그의 혀로 남을 허물하지 아니하고 그의 이웃에게 악을 행하지 아니하며 _시 15:1-3

시편 기자는 주의 장막에 거할 자의 자격을 열한 가지로 말한다. 이중 제일 먼저 언급되는 세 조항이 모두 정직과 관련된 것이다. 그렇다면 무엇이 거짓인가? 거짓은 진실을 감추거나 왜곡하는 모든 말과 행위다. 거짓은 진실을 감춘다. 진실과 반대로 말한다. 진실을 다 말하지 않는다. 절반만 말하거나 하나를 빼고 말하거나 과장해서 말한다. 생각해 보면 우리는 '거짓'이라는 바다에서 '거짓말'이라는 물고기로 산다. 세상은 '콘셉트', 이미지 메이킹과 같은 말들로 거짓을 포장한다. 적당한 거짓이 지혜로운 처세요, 물이 너무 맑아도 고기가 모이지 않는 법이란 말로 정당화한다.

세상은 우리에게 이렇게 말한다.

"당신 하나 정직하다고 세상이 하루아침에 개벽하는가?"

"성도가 무슨 벼슬이라고 그렇게 고고한 척하시는가?"

"꼼수가 있어 보이고 조금 비겁한 것처럼 보여도 보고도 못본 척, 보고도 안 본 척 둥글둥글하게 사시게나."

그러나 우리는 그렇게 둥글둥글하게 살다가 끝내 부끄러운 수치를 당하는 사람들을 본다. 무슨무슨 게이트나 무슨무슨 커넥션이라는 보도 아래 굴비 엮듯 걸려 들어가는 사람들이 있다. 하나님의 종들은 정직해야 한다. 거짓의 근원에 사탄이 또아리를 틀고 있음을 알기 때문이다.

사도행전 5장에 나오는 아나니아와 삽비라는 재산을 팔아 헌금을 하고도 죽임을 당했다. 이 정도 믿음을 갖춘 자라면 대단한 헌신이다. 그런데 이들은 왜 죽임을 당해야 했는가? 그 다음 구절에서 뭔가 구린 냄새가 난다.

> (아나니아가) 그 값에서 얼마를 감추매 그 아내도 알더라 얼마만 가져다가 사도들의 발 앞에 두니 _행 5:2

문제는 감추었다는 데 있다. 아내도 알았다고 했다. 이들의 죄는 의도적이었다. 그리하여 베드로가 저에게 말한 죄목은 '사탄이 마음에 가득하여 성령을 속인 죄'였다. 그들은 그 자리에서 죽었다. 이 사건은 초대교회의 순결성이 어느 수준이었는지를 보여 주는 대목이다. 우리가 신앙생활을 하면서 교회에 대한 두려운 마음이 없어진다는 것은 너무나 위험한 일이다. 교회에 대해 겁이 없어지는 것은 우리 신앙이 넉넉히 타락했다는 증거다.

창세기 4장 9절에서 하나님은 가인이 동생 아벨을 살해했다는 것을 아셨다. 하나님이 가인에게 물으셨다.

"네 아우 아벨이 어디 있느냐?"

그때 가인의 대답이 이러했다.

"내가 알지 못하나이다. 내가 동생을 지키는 자니이까!"

이것은 사실을 은폐한 거짓말이었다.

"내가 동생을 지키는 자니이까"라는 말의 뿌리에는 "나는 당신도 죽이고 싶다"라는 반역의 마음이 숨어 있다. 거짓말은 하나님을 대적하는 죄다. 그래서 하나님이 용서하실 수 없는 죄이며, 그 뿌리가 사탄이라고 말하는 것이다.

우리는 회개가 구원에 이르게 하는 현관이라고 말한다. 회개는 구원의 첫 단추다. 회개란 내가 정직하게 나를 살피는 것이다. 내가 나를 정직하게 살피지 않으면 하나님이 나를 정직하게 살피신다. 하나님이 나를 정직하게 살피시는 것을 심판이라 한다.

다윗은 부하 장수 우리아의 아내 밧세바와 간음했다. 이것은 하나님이 보시기에 악한 행동이었다. 하나님은 나단 선지자를 보내서 다윗의 죄를 지적하시고 책망하셨다. 나단 선지자의 지적이 있은 후에 다윗은 어떤 행동을 보였는가? 다윗은 죄를 지적당했을 때 강한 자아로 맞서지 않았다. 왕이란 얼마나 근사한 힘인가? 무소불위의 권력이 그에게 있었다. 왕의 죄는 국가기밀이다. 추후 이 사실을 입에 올리는 자는 엄벌에 처해진다.

다윗도 얼마든지 이런 식의 태도를 취할 수 있었다. 그러나 그는 회개한다. 정직하게 자신을 살핀다. 왕 체면에 부하들 앞에서 망신스러웠을 것이다. 회개가 죽기보다 싫은 일이었을 거다. 그럼에도 다윗이 이렇게 할 수 있었던 것은 하나님이 그의 주인이셨기 때문이다. 그에게는 오직 유일한 청중, 오직 최고의 청중, 오직 최후의 청중이신 하나님을 두려워하는 마음이 있었다. 하나님을 우습게 여기며 자기체면을 중시하고 타인의 눈을 의식하는 사람들이 절대 흉내낼 수 없는 모습이다. 다윗은 정직할 수 없는 순간에 정직했다.

밧세바 사건은 다윗의 실패와 성공을 동시에 보여 준다. 다윗은 범죄함으로 쓰러졌지만 정직함으로 다시 일어선다. 세상의 모든 대통령들이 다윗처럼 한다면 세상은 썩 달라질 것이다. 시편 51편은 다윗이 눈물로 하나님께 회개한 기도문이다.

> 정결한 맘 주시옵소서, 오 주님
> 정직한 영을 새롭게 하소서
> 나를 주님 앞에서 멀리하지 마시고

주의 성령을 거두지 마옵소서
그 구원의 기쁨 다시 회복시키시고
변치 않는 맘 내 안에 주소서

하나님이 나단 선지자를 보낸 것은 다윗이 회개하고 돌이키기를 바라셨기 때문이다. 하나님은 당신의 종 다윗이 어둠에서 나와 빛 가운데 서기를 바라셨다. 아담이 실패했고 가인이 넘어진 그 지점에서 다윗은 성공했다. 하나님은 그런 정직한 종을 기뻐하셨다. 우리가 바로 이런 태도를 가져야 한다. 우리가 추구할 것은 거짓을 말하고 얻은 부귀영화가 아니다. 정직을 말하고 얻은 거룩함이다. 하나님이 자존심을 거실 만한 종은 정직한 종이다.

거짓에 대한 통증을 회복하라

많은 사람들이 정직하면 손해 본다고 말한다. 그 말은 맞을 수 있다. 잠깐 거짓말을 하거나 보고도 못 본 척하고, 진실을 알면서도 입 다물고 있으면 이익이 오는 순간이 많다. 우리는 그런 유혹 앞에 많이 선다. 그러나 그렇게 해서 얻은 형통이 어떤 모양의 형통인가를 생각할 수 있어야 한다.

진짜 정직한 자는 이 세상에서의 형통이 아니라 하나님 앞에서의 형통을 생각한다. 거짓말로 얻은 이익을 구하며 한세상 살다가

이 다음에 하나님 앞에 섰을 때는 어떻게 할 것인가? 사방으로 욱여쌈을 당해도, 답답한 일을 만나도, 핍박을 받아도, 거꾸러뜨림을 당해도 우리는 끝까지 정직하고 진실한 길을 포기해서는 안된다.

> 내가 어려서부터 늙기까지 의인이 버림을 당하거나 그의 자손이 걸식함을 보지 못하였도다 그는 종일토록 은혜를 베풀고 꾸어 주니 그의 자손이 복을 받는도다 _시 37:25-26

우리는 이 하나님의 약속을 천둥소리처럼 듣고 문신을 새기듯 마음에 새겨 넣어야 한다. 정직하면 손해 본다는 세상 사람들의 소리를 천둥소리처럼 듣고 하나님의 말씀을 모기소리처럼 듣는다면 우리는 더 이상 하나님의 종이 아니다. 세상 사는 이치가 다 그렇다고 해도 하나님의 종들은 의인의 혀, 의인의 마음, 의인의 눈으로 살아야 한다. 언제나 어디서나 진실된 것을 말하고, 정직한 마음을 품고, 정직한 것을 보며 살아야 한다. 그 마음을 품고 사는 자체가 상급을 받은 것이며, 복있는 삶의 모습이라는 것을 알아야 한다.

> 정직한 종은 거짓 종들의 악한 꾀를 따르지 아니하며
> 거짓말대로에 서지 아니하고
> 거짓 추, 속이는 저울, 악독한 혀를 놀려 얻은

부귀 방석에 앉지 아니하며
오직 열조들이 지켜온 율례를 즐거워하며
진실을 간직하며 사는 자로다
저는 세대를 뛰어넘는 성도의 향기를 지녔음이여
영원히 대물림될 정직한 신용으로
그 행사가 다 형통하리로다
거짓 신앙인은 그렇지 않음이여
오직 바람에 나는 겨와 같도다
그러므로 거짓 신앙인이 하나님의 눈을 피하지 못하며
믿음의 반열 명예의 전당에 들지 못하리로다
대저 정직한 자의 길은 세상을 주도하는 빛으로 비출 것이나
거짓 신앙인의 길은 망하리로다

거짓말하는 자가 누구냐 예수께서 그리스도이심을 부인하는 자가 아니냐 아버지와 아들을 부인하는 그가 적그리스도니 _요일 2:22

두려워하는 자들과 믿지 아니하는 자들과 흉악한 자들과 살인자들과 음행하는 자들과 점술가들과 우상 숭배자들과 거짓말하는 모든 자들은 불과 유황으로 타는 못에 던져지리니 이것이 둘째 사망이라 _계 21:8

거짓말은 아무것도 아닌 것처럼 보이나 아무것도 아닌 것이 아니다. 거짓말하는 자가 곧 적그리스도라고 했다. 거짓말하는 자들은 둘째 사망에 던져질 자들이라고 했다. 우리를 잘 아는 사람에게 물어보자.

"당신이 보기에 나는 정직한 사람입니까?"

이때 그들이 하는 말에 목숨을 걸어야 한다.

"주여, 아굴의 마음을 주소서. 거짓말에 대한 통증을 주소서."

하나님의 종들이 훈련할 것은 정교한 거짓말이 아니다. 정직한 삶을 사는 대가로 지불해야 할 고통스런 책임감이다.

07

두렵고 떨려서 매혹적인, 하나님을 경외함

하나님이 자존심을 거신 종이 갖춘 세 번째 품성은 하나님을 경외하는 것이다. 독일의 신학자 루돌프 오토(R. Otto)는 하나님 경외를 설명하면서 '누미노제'라는 단어를 사용했다. 그는 누미노제란, '신비스럽고 두려우면서도 매혹적인 것'(Mysterium, Ttemendum et Fascinanas)이라고 했다. 인간은 종교적인 체험을 할 때 표현할 수 없을 정도로 두렵고 떨리며 신비스럽고 초월적인 느낌을 갖게 되며, 절대자와의 합일에서 오는 안정감과 절대 평안을 느낀다고 했다. 두려운 느낌이지만 공포와는 다른 개념으로, 이 두려움은 매혹적인 두려움이다. 그는 이것이 하나님 경외라고 했다.

우리 신앙의 선진들에게는 이런 하나님 경외가 있었다. 저들은 하나님의 임재 앞에 두렵고 떨림으로 나아갔다. 그들의 눈에는 도끼가 이미 나무뿌리에 놓여 있는 것이 보였다. 그래서 칼날 위에서 살아가는 듯한 의식으로 하루하루를 살았다. 그러나 이런 여호와 경외가 우리 당대에 이르러서는 많이 깨져 있다는 생각이 든다.

급할 때만 하는 거래

어떤 사람 둘이 난파된 배의 파편을 붙잡고 바다를 표류하고 있었다. 끝없이 펼쳐진 망망대해 한복판에서 살아날 가능성은 없어 보였다. 그중 한 사람이 기도를 하기 시작했다.

"오, 하나님! 저희를 구원해 주소서. 그렇게 해 주신다면 제 재산의 절반을 당신께 바치겠나이다."

그러나 이런 기도에도 불구하고 상황은 점점 악화되어 갈 뿐이었다. 그러자 그는 다시 기도했다.

"오, 하나님! 저희를 정녕 버리십니까? 뜻을 돌이키사 저희를 이 상황에서 구원해 주신다면 제가 가진 재산 전부를…."

이렇게 말하려는 순간 다른 한 친구가 소리쳤다.

"잠깐만 친구! 거래를 중단하게. 섬이 보여!"

하나님을 섬기자니 성가시고 버리자니 께름칙하고, 우리의 믿음이 이런 식으로 변해버렸다면 심각한 문제다. 급할 때만 거래하듯 찾게 되는 하나님은 경외함으로 섬기는 하나님이 아니다. 우리에게서 능력이 사라졌다면 그것은 하나님의 손이 짧아졌기 때문이 아니라 우리의 믿음이 함량미달이기 때문이다.

우리 집안의 디모데삼서

1908년생 이종원

1938년생 이영호

1968년생 이상혁

1998년생 이웅섭

할아버지와 아버지와 나와 내 아들은 30년씩, 한 세대 간격으로 태어났다. 아내가 웅섭이를 낳았을 때, 어머니는 내게 이렇게 말씀하셨다.

"이 목사! 내 소원은 말이다. 저이는 목사의 며느리였고, 목사의 아내였고, 목사의 어머니였고, 목사의 할머니였다는 소리까지 듣고 죽는거다. 그리 알아라!"

내게는 할아버지께서 아버지에게 쓰신 편지가 있다. 1959년에 쓰신 편지인데 이것을 내가 소중하게 간직하는 것은 이것이 두 분의 신앙의 결을 보여 주고 있기 때문이다. 나는 내 아들이 이 편지에 흐르는 순전한 정신을 본받기를 바란다.

1959년 당시 아버지는 시골에서 목회하시는 할아버지께서 교회로부터 생활비를 받으시는 것이 용납되지 않으셨던 모양이다. 아버지는 자신이 신학교를 다니지 않으면 학비 들어갈 일 없으니 할아버지께서 생활비를 받지 않으셔도 목회를 하실 수 있지 않을까 생각하셨다고 한다. 신학생의 의분으로 참을 수 없었던 교단

비리도 있었기에 꽤나 심각하게 학업 중단을 고민하셨던 모양이다. 아버지 말씀으로는 기숙사에서 3일 동안 식음을 전폐하며 기도하셨다고 한다. 긴 고민의 결론은 '낙향'이었다. 아버지는 낙향하기 전에 시골집으로 서신을 보냈는데, 이 편지는 아버지가 보낸 서신에 대한 할아버지의 답장이라고 하셨다. 마치 '디모데삼서'쯤을 읽는 것 같았다.

> 가아(家兒) 영호는 받아 보아라.
> 어제 네게서 온 편지는 잘 받아서 여러 가지로 짐작했고, 네 심정과 네 신앙관도 잘 알았다. 10월 1일 홍천서 송금한 아버지의 편지와 어제 네 형이 보낸 서류 편지도 받았겠으니 집안 사정은 더 말하지 않기로 한다. 그리고 이번 네 편지의 사연이 옳다고 인정한다.
> 인간은 여러 가지로 하나님 앞에서 좀 잘 해보려는 것보다는, 하나님의 사랑과 능력을 알고 믿고 내 생활 전폭을 주님께 맡기고 살면 아버지도 기뻐하시고, 맡긴 자의 생활도 평안하고 기쁜 것이다.
> 인간이 사는 중에는 개인 문제가 있고 또는 가정 문제가 있고, 교회 문제가 있고, 또는 사회와 국가 문제가 다 각기 위치를 가지고 있는 것이다. 그래서 내가 선히 살고자 해도 그 뜻에 복종치 못하고 오히려 원치 않는 일에 굴복케 되니 '오호

라 나는 괴로운 사람이로다' 탄식할 수밖에 없는 것이다. 그러나 내 부족을 알고 주 예수 그리스도께 도움을 기다리는 자가 사죄함을 얻는 것이 우리의 신앙이다.

네 생각에 가정적으로는 경제, 또는 교계 전체를 바라보고, 또는 성경을 보아 주님의 교훈이나 전 성경을 보아도 너무나도 거리가 먼 생활을 하고 있는 것은 어미조차 동감이요, 나 자신이 그 부류의 한 사람이다. 그러나 내가 알기는 네가 신학을 한다는 일은 우리 가정이 재산이 있으니 시킨다기보다 내가 받은 은혜 감사하여 너를 어릴 때부터 주님께 바치기로 서원한 뜻을 내 아버지께서 이루어주시는 것이다.

네가 신학을 안 하면 부모가 삯군이 되지 않아서 성스러움즉도 하고 약한 자를 도와주면 주님의 소원을 이루리라고 생각한다마는, 바울 사도는 자신이 장막 짓는 생활로 교인의 누를 안 끼쳤지만 그는 말하기를 일하는 소에게 망을 씌우지 말라, 군사가 누가 자비량하겠느냐 하였다. 또 레위 족속에게는 분깃을 주지 않았다. 요는 문제가 마른 손을 들어 연보하는 뜻을 참되이 알고 모르는 데 좌우하는 것이다. 유급생활이라 하여 죄가 되는 건 아니다.

네가 신학을 안 한다 해서 우리 집 경제 보장이나 교인들의 짐이 가벼워진다고 생각하느냐? 인간의 뜻과 힘으로 하는 일이라면 그럴 수도 있겠지만 우리 집 형편에 너를 대학 공부 시킨다는 것은 온전히 하나님의 능력뿐이다. 인간에게는 아무 도움 없을 줄 안다. 그리고 내가 네게 부정한 돈으로 거룩한 성경을 공부시키지 않기 위하여 가정에서 근검절약하고, 어느 교회나 주님 이름 팔아 네게 돕는 것 아니다. 외인에게나 형제에게나 무리한 일은 하지 않기로 한다. 고로 너와 가정이 주를 위해 고생해야 할 각오를 가져야 한다.

네가 신학 안 해도 물론 주님이야 벌하시지 않는다. 그러나 하나님 뜻을 비추어 보자. 모세를 통하여 이스라엘 백성을 애굽의 학대 속에서 구출하기 위하여 애굽 궁중에서 영광스럽게 키우기도 하고 일편으로 그 학대를 깊이 인식도 시키고 또는 자신을 역경으로 바꾸어 미디안 광야에서 고심하는 목양생활도 시키고, 다음 하나님의 능력과 모세의 겸손을 부합하여 하나님의 뜻을 이루었다. 요셉도 역시 아버지의 사랑을 떠나 역경을 거쳐 영관을 쓰고 자기 가족을 구출했다. 신학이 죄가 아니고 교만의 원료는 아닌 것이다. 그 속에서 깊은 체험과 훈련을 통해서 불의와 부정의 정체를 명변하면 이것이 진정 시금석이 될 것이다.

바울 사도가 그 자신은 육신의 유익하던 것을 분토와 같이 여겼다. 하지만 훌륭한 학자였기 때문에 면대치 못한 로마인에게나 또는 많은 사람에게 하나님의 사랑과 생명이 더욱 빛나 더 많은 역사를 하였다.

또는 네가 본 교계는 근본 지위를 떠난 지도자를 보아 낙심할 만치도 되었지만, 이스라엘 당시에 미가야 선지는 거짓 선지 사백 명 속에서도 하나님 말씀대로 외쳐서 하나님의 사명을 다하였던 것이다. 엘리야도 역시 갈멜산 승리의 기도는, 그 시대 하나님의 영광이 땅에 떨어지는 통분과 자기 민족이 멸망의 길을 걷는 것을 불쌍한 심정에서 기도하여, 하나님은 그를 통하여 영광 받으시고 민족은 삶의 길을 찾았다.

인간이란 하나님의 뜻을 널리 반영하지 못하고 일편 인간성만 받다보면 자신도 모르는 중에 스스로 의로운 자 되기도 쉽고 남을 너무 용납하지 못하는 죄를 범할지도 모른다. 한데 엘리야는 이런 말을 하였다. “아합이 하나님의 사람을 다 죽이고 내가 하나님을 극진히 섬김으로 메추라기 사냥하듯 한다 할 때, 하나님은 ‘내가 나를 위하여 바알 신에게 무릎을 꿇지 않은 자 7천 명이나 두었다’고 하셨다.”

모든 것을 하나님께 맡기고, 배움의 시기는 배움의 시기요, 외침의 시기는 외침의 시기니, 예수님도 때를 찾으시고 순응하시었다는 것을 알고 평안한 마음으로 배우라.

예수님도 성전에서 묻기도 하시고 듣기도 하시고 하나님의 말씀을 배우셨다. 너는 아직 성장한 시기는 아닌 줄 안다. 물론 성장한 신앙생활이란 먹든지 마시든지 무엇에나 하나님의 영광 위해 살고 자신이 흠과 점이 없는 완전한 성격을 갖추어야 하고 또는 남의 유익을 위해 사는 것이 우리 주님 십자가를 아는 사람의 생활이요, 지도자일 것이다.

맹자님 어머니는 아들이 공부를 중단하고 돌아오니 천을 짜다 칼로 그어놓고 공부 중단이란 이런 것이라는 산 교훈을 주었다. 나는 너를 공부시키는 것이 자식의 정으로만 시키는 것 아니고 하나님의 맡긴 사람으로 알고, 하나님의 영광 위해 너를 공부시키는 것이다.

네가 어찌 생각하며 남이야 어떻게 생각하는지 몰라도, 나는 하나님께 지금도 영광 돌리는 마음으로 기뻐한다. 차후로 네 포부 그대로 변치 않기를 기도하며 미가야 같은 하나님의 사신이 되기를 바란다. 감독이나 감리사가 파송한다 해서 잘못은 아니다. 그들이 그런 모양으로 오용하고 보는 사람의 관점이 그같이 된 것뿐이지 잘못은 아니다. 하나님은 아무리 크신 사업을 하셔도 사람을 손잡아 하시는 분이다. 사도 시대에도 안디옥에서부터 교회는 조직이 되게 되었고, 또는 조직도 없으면 아무리 성령의 역사라 해도 질서적 발전이 되지 못하고 혼란에 빠질 것이다.

요한복음 8장에 음행하는 여인을 치죄하고 예수님을 시험하는 무리가 구름같이 둘러섰지만 묵묵한 말씀에 죄인은 다 도망하였다. 오직 우리들이 가질 맘은 '주여 내 중심에 오시옵소서'다. 주님과 내가 함께하는 일과, 세상 사람도 주님과 연결시키는 것이 놓여 있는 사명이다.

금년만 지나면 과한 곤란은 면할 듯하다. 인간이 도울 힘이 어디 있니? 모든 것이 하나님의 축복이지.

모든 일에 주를 위하여 인내하고 하나님 아버지의 원하는 뜻을 이루어라. 할 말 많으나 네 건강과 주님 은혜 풍성하기를 바라며 주님께 기도한다.

할머니의 후서

할아버지의 편지는 여기서 끝난다. 그러나 할아버지는 이 편지를 아버지에게 보내실 때, 할머니의 편지를 동봉하셨다. 할머니의 문체는 할아버지의 그것과 많이 다르다. 간결하면서도 박력이 있다.

내가 어느 부흥회에서도 왕복차비 외에 사례금으로 너를 돕지 않는다. 내면서도 차비 외에 받지 않고, 저번 서울 갔다 왔지만 만 환 가지고 갔다가 칠천 환 남겨 주었다. 내면에서 의복 세 개 정성으로 주면서 남 주지 말고 입으라 하는 부탁을 하면서 주기에 그는 입고, 황순모 부인이 초매(치마) 적삼을 빌려 입고 왔다 해서 내가 초매 적삼 입혀 보냈다. 앞으로 신남교회와 춘천 집회 가도 여비 외에 안 받기로 작정이다. 역사는 하나님이 하시고 공역은 내가 가로채는 생활은 하지 않는다. 내가 네 생각만 못한 내가 아니다. 너 아직도 내 마음 몰랐구나. 남 하듯 하면(사례비를 받으면) 임시 군속(궁색)을 면할 수도 있다. 그러나 주님 기뻐하시지 않을 줄 알기에 교인들의 성미(聖米) 한 되도 우리가 먹지 않고 우리도 성미를 해서 교회 비품이라도 하는데, 네가 너무 지나친 염려다.

할머니가 무슨 말씀을 하시는지 잘 모르실 거다. 이해를 돕기 위해서 약간의 설명이 필요하다. 할머니는 목사의 아내였지만 신유의 능력이 있으셨다. 할머니가 손을 얹고 기도하면 못 고치는 사람이 없으셨다고 한다. 그래서 할머니는 여기저기서 신유기도를 요청하는 교회들을 다니며 집회를 인도하셨다고 한다. 할머니는 집회를 다니면서 사례비를 받을 수 있으나 하나님이 일하신 것을 가로챌 수 없기에 근검절약하며 산다는 말씀을 하신 것이다.

할머니가 약간 노기를 띠신 것 같기도 한데 도대체 아버지가 뭐라고 편지를 쓰셨는지 모르겠다. 할아버지와 할머니는 강원도 산골에서 살림이 어려운 교회를 섬기셨다. 성도들에게는 새끼 돼지를 나눠주고 그걸 키워 판 돈으로 헌금하게 해서 교회 살림을 살았다 하니 그 목사에 그 성도들이시다. 할아버지도 교회 마당 한 켠에서 양봉을 하셨다.

한 번은 할아버지 교회로 대구 서문교회의 정규만 장로님이란 분이 찾아왔다고 한다. 정 장로님은 한의원을 운영하면서 돈을 많이 버신 분이라고 했다. 당시 대구 일대에 전염병이 돌았는데 장로님 한의원에서 한약을 지어먹으면 낫는다는 소문이 퍼지면서 사방에서 사람들이 몰려들었다고 한다. 돈을 갈쿠리로 긁어모으셨다고 한다. 장로님은 서문교회가 석조전 예배당을 지을 당시 건축비용을 거의 혼자 감당하셨다고 했다. 그런데 그런 장로님께는, 지병인 당뇨가 있으셨다. 장로님은 서울 삼각산 기도원에 기도 받으러 갔다가 원장으로부터 할머니를 소개 받으셨다고 한다. 삼각산 기도원 박 원장님은 우리 할머니를 기도의 어머니로 생각하셨다고 한다.

장로님이 할아버지의 교회를 방문하셨을 때, 마침 그날 예배 말씀은 아버지가 전하셨다고 한다. 신학교 방학을 맞아 아버지가 집에 내려오셨던 거다. 예배 후에 할아버지와 할머니는 정 장로님을 위해 간절히 기도하셨고 장로님은 병을 고침 받으셨다. 장로님은 집으로 돌아가시면서 사례의 뜻을 전하셨다. 시골교회 살림이 짐작되는데, 교회 뒤편으로 산을 열 정보쯤 사드릴까, 아니면 종로에 집을 하나 마련해드릴까 하고 물으셨다고 한다. 할아버지와 할머니는 우리에게 그런 것이 뭐 필요하겠느냐며 일언지하에 거절하셨다.

나는 이런 일화를 아버지께 전해 들으며 서울 종로쯤에 집 하나 있는 것도 괜찮지 않았겠느냐고 했다. 그러자 아버지는 간단히 대답하셨다.

"그랬으면 두 분은 게하시 되셨겠지!"

엘리사 선지자가 아람 군대장관 나아만의 문둥병을 고쳐준 이야기는 열왕기하 5장에 나온다. 병고침을 받은 나아만 장군은 엘리사에게 사례하고 싶어했다. 그는 은 십 달란트와 금 육천 개와 의복 열 벌을 가지고 왔었다. 그러나 나아만 장군에게 엘리사는 이렇게 말했다.

> 내가 섬기는 여호와께서 살아 계심을 두고 맹세하노니 내가 그 앞에서 받지 아니하리라 하였더라 나아만이 받으라고 강권하되 그가 거절하니라 _왕하 5:16

나아만 장군은 강권하면서 받으시라 했고 엘리사 역시 강권하면서 거절했다. 그런데 이 모습을 곁에서 지켜보며 아깝게 생각한 사람이 있었으니, 엘리사의 사환 게하시였다. 그는 돌아가는 나아만 장군 일행을 뒤쫓아갔다.

> 나아만의 뒤를 쫓아가니 나아만이 자기 뒤에 달려옴을 보고 수레에서 내려 맞이하여 이르되 평안이냐 하니 그가 이르되 평안하나

이다 우리 주인께서 나를 보내시며 말씀하시기를 지금 선지자의 제자 중에 두 청년이 에브라임 산지에서부터 내게로 왔으니 청하건대 당신은 그들에게 은 한 달란트와 옷 두 벌을 주라 하시더이다 _왕하 5:21-22

게하시의 말과 행동이 요즘 말로 참으로 모양 빠진다. 고작 은 한 달란트와 옷 두 벌을 얻으려고 스승을 팔아가며 있지도 않은 거짓말을 지어낸다. 나아만 장군은 흔쾌히 게하시가 원하는 것을 주었는데, 이것을 엘리사가 모를 리 없었다. 안 받은 척 시치미를 떼는 게하시에게 엘리사는 이렇게 말했다.

엘리사가 이르되 한 사람이 수레에서 내려 너를 맞이할 때에 내 마음이 함께 가지 아니하였느냐 지금이 어찌 은을 받으며 옷을 받으며 감람원이나 포도원이나 양이나 소나 남종이나 여종을 받을 때이냐 그러므로 나아만의 나병이 네게 들어 네 자손에게 미쳐 영원토록 이르리라 하니 게하시가 그 앞에서 물러나오매 나병이 발하여 눈같이 되었더라 _왕하 5:26-27

하나님의 심판은 본인뿐 아니라 자손에까지 미친다. 두렵고 떨리는 일이다. 하나님의 역사하심을 가까운 곳에서 지켜보면서도 그 하나님을 두려워함이 없었던 게하시다. 엘리사의 눈에는 하나님의 때와 심기가 감지되는데, 게하시의 무딘 눈에는 그것이 보이지 않았다. 같은 자리에 있다고 같은 것을 느끼는 것이 아니다. 바라보는 지점이 다르면 행동이 다르게 나온다. 게하시는 바라보는 시선의 끝이 엘리사와 달랐다. 그런 그는 나아만 장군의 문둥병을 고스란히 끌어안고 살아야 했을 뿐만 아니라 영혼의 문둥병까지 덧붙여서, 그것도 자신뿐만 아니라 그의 자손까지 그렇게 살아야 하는 저주를 받았다.

두렵고 떨리는 마음으로

이사야 5장을 보면 주인을 두려워하지 않는 종들의 모습이 나온다. 그들은 주인의 뜻과 정반대로 행동한다. 그 종들은 재물에 집착한다. 쾌락에 탐닉한다. 검은 것을 희다 하고 흰 것을 검다 하며 거짓말을 일삼는다. 세상의 권력과 명예를 좇는다. 저들은 하나님의 경고를 듣지 않는다. 오히려 이런 만용을 보인다.

> 그들이 이르기를 그는 자기의 일을 속속히 이루어 우리에게 보게 할 것이며 이스라엘의 거룩한 이는 자기의 계획을 속히 이루어 우리가 알게 할 것이라 하는도다 _사 5:19

이것이 무슨 말인가? '어디, 하나님이 해볼테면 해보라시지 뭐',

'어디, 이스라엘의 거룩한 이의 손에 한 번 벌 받아보지 뭐', '지옥 가라면 가보지 뭐' 하는 식의 태도를 말한다. 종이 이렇게 말한다면 이건 간이 부은 거다. 요즘 젊은이들 표현대로 한다면 '겁대가리를 상실'한 거다.

사도 바울은 "하나님 앞에서 두렵고 떨리는 마음으로 너희 구원을 이루라"라고 권면한다. 그런데 종 주제에 주인을 두려워하지 않는다면 그 종은 볼 장 다 본 종이다. 우리는 잠시 뒤에 크고 두려운 주인 앞에 서게 될 것이다. 일절 근신하며 살피는 자세로 살아야 할 것이다.

아들이 어렸을 적에 동화책을 읽어주다가 놀라운 사실을 알게 되었다. 맹인을 안내하는 개들은 태어날 때부터 따로 구별된다고 한다. 맹인 안내견으로 구별된 개들은 새끼 시절부터 최고의 음식을 먹으며 최고의 잠자리에서 잠을 자고 최고의 장난감을 가지고 논다고 한다.

이 녀석들은 그야말로 '쓴뿌리' 없이 양육된다. 이렇게 자란 안내견들은 후에 커서도 배가 고프다고 해서 길거리에 버려진 햄버거 쪼가리를 먹겠다며 이리 뛰고 저리 뛰고 하지 않는다. 어렸을 적부터 머리와 몸속에 각인된 기억과 경험은 아무리 배가 고파도 조금만 있으면 주인이 곧 최고의 음식과 최고의 잠자리에서 나를 돌봐줄 것이라고 굳뚝같이 믿게 한다. 그래서 참을 수 있고 견딜 수 있는 것이다. 맹인 안내견들이 이런 대접을 받고 자라는 것은 그들이 잘나서가 아니다. 그들이 감당할 사명이 중차대하기 때문이다. 사람을 안내하는 개가 짐승의 본능대로 날뛰어서야 되겠는가. 맹인 안내견은 개로 살아서는 안된다. 사람의 눈으로 살아야 한다. 어떤 상황에서도 철저히 사람의 눈으로 살아야 한다. 훈련이 되어 있는 만큼이 그 개의 가치다.

3대째 목사인 나도 이제 목회 인생에서 반환점을 돌고 있다. 하나님은 할아버지 때부터 나와 내 아들까지 우리 집안을 100년 넘게 책임져주고 계시다. 하나님은 진실로 우리 집안의 하나님이시다. 분배받은 성읍 하나 없이 하나님만을 분깃으로 삼으며 살아가라 하신 하나님은 신실한 약속을 100년 넘게 지키고 계시다. 지금까지 그랬다면 앞으로도 그러실 것이다.

이 하나님을 생각하면 무릎이 저절로 꿇어진다. 주님을 섬기는 길에서 우리를 유혹하는 수많은 것들이 도처에 널려 있다. 보암직도 하고 먹음직도 하고 능히 지혜롭게 해줄 것 같은 지뢰 같은 선악과. 하지만 손댔다가는, 밟았다가는 공중분해되는 것이다. “먹으면 정녕 죽으리라!” 하시며 하나님이 손대지 말라 하신 것들이 있다. 아까워서가 아니다. 우리의 자유를 제한하시기 위해서가 아니다. 당신의 종들에게 정말 좋은 것만을 먹여주고 싶으셔서다.

주인의 눈과 발이 되는 삶

잠깐의 것들에 한눈 팔아 성령으로 시작했다가 육체로 마치는 일이 없어야 한다. 하나님 두려운 줄 알고 그분이 그어주신 테두리 안에 거하며 자족함이 하나님을 경외하는 삶이다. 비록 어느 순간 끼니를 거르고 배가 고파 다리가 풀려 한걸음도 앞으로 내딛지 못하는 상황이 오더라도, 주인이 가고자 하는 방향대로 걷다보면 그 끝에서 참된 안식을 누리는 순간이 올 것이다.

주인이 내 문제를 나보다 더 잘 알고 계시다고 믿으면서 주인의 눈과 발이 되는 삶을 끝까지 살아내야 한다. 신학교 후배 중에 정유성이라는 목사가 있다. 그 친구가 이런 노래를 만들었다. 이 노래가 두렵고 떨리는 마음으로 구원을 이루어 나가려는 우리 모두의 결단이 되기를 바란다.

하나님 눈길 머무신 곳, 그곳에 내 눈 머물고
하나님 손길 닿으신 곳, 그곳에 내 손 닿으리
하나님 마음 두신 그곳, 그곳에 내 맘도 두고
하나님 계획 하신 그곳, 그곳에 내 삶 드리리
나 경배합니다 주님, 주님만 닮게 하소서
나 예배합니다 주님, 주님만 좇게 하소서

08

흔들림은 있어도 넘어짐은 없는, 악에서 떠남

인도네시아 주변 섬에는 코모도 도마뱀이 산다. 이놈들 가운데 어떤 것은 몸길이가 3미터, 몸무게가 200킬로그램이 넘는다. 이 놈들은 멧돼지나 사슴 같은 육식 동물을 먹이로 삼는다. 가끔 자기보다 덩치가 큰 물소 같은 것도 잡아 먹는다. 흥미로운 것은 이들의 사냥법이다. 이 녀석들은 사냥감과 물고 뜯는 싸움을 벌이지 않는다. 아주 편안하게 사냥을 한다.

우선 사냥감이 포착되면 어슬렁거리며 가까이 다가간다. 최대한 가까이 접근한 후에 사냥감의 얼굴에 침을 뱉는다. 그러고는 아무일도 없었다는 듯이 돌아온다. 그러나 실상 코모도 도마뱀의 침 속에는 수백 가지의 치명적인 바이러스가 들어 있다. 며칠 후에 그 곳으로 가보면 사냥감이 비실거리며 죽어가고 있다. 조용히 올라타 목덜미를 물면 끝난다.

나는 우리가 악에 공격당하는 모습이 이와 같다고 생각한다. 악의 공격을 받고 스스로를 해독하지 못하면 사탄의 먹이가 되는 것은 시간 문제다.

동반퇴장 당하려는가?

2006년 독일 월드컵 결승전에서 일어난 일이다. 프랑스와 이탈리아가 결승전에서 맞붙었다. 프랑스에는 세계적인 축구스타 지단이 있었다. 경기 도중 이탈리아의 수비수가 지단의 유니폼을 잡아당겨 넘어지게 만들었다. 지단은 그 선수에게 내 유니폼이 필요하다면 경기가 끝난 후에 주겠다고 쏘아붙였다. 그러자 상대편 선수는 "나는 유니폼보다 창녀인 네 누이를 원해"라고 말했다. 순간 지단은 분노를 참지 못하고 상대 선수를 머리로 들이 받았다. 이러한 행위로 그는 퇴장을 당했다.

어떤 일이 있어도 퇴장 당해서는 안 되는 선수가 있다. 지단이 바로 그런 선수였다. 자신의 감정을 컨트롤하지 못한 결과는 뼈아팠다. 프랑스는 승부차기에서 3대 5로 졌다. 이 경기를 보면서 이런 생각이 들었다.

'사탄은 영적 엘리트에게 하찮은 후보 선수를 붙여 엉겨 붙게 만든 후, 동반퇴장을 요구한다.'

네가 내 종 욥을 주의하여 보았느냐 그와 같이 온전하고 정직하여 하나님을 경외하며 악에서 떠난 자는 세상에 없느니라 _욥 1:8

하나님이 사탄에게 자랑하신 종이 갖춘 네 번째 품성은 '악에서 떠남'이다. 하나님은 악에서 떠난 종들을 기뻐하신다. 순전(온전)하고 정직하며 하나님을 경외하는 종을 무엇으로 알 수 있는가? 그들이 악에서 떠나는 것을 보고 알 수 있다.

약하고 악한 인간

악이란 무엇인가? 스캇 펙(M. Scott Peck)이라는 정신과 의사는 《거짓의 사람들》이라는 책에서 "악이란 영적, 정신적 성장을 피하기 위해서 행해지는 정치적인 힘의 구사, 즉 공격적이거나 은폐적인 힘을 통해 자신의 의지를 다른 사람에게 강제 부과하는 것이다"라고 말했다.

악은 병든 자아를 은폐하고자 공격적으로 저질러지는 죄다. 악에 대해서 길게 설명하지 않아도 우리는 악한 것이 무엇인지 안다. 악을 대면했을 때 우리 안에서는 극도의 혐오감이 일어난다. 우리는 이러한 크고 작은 악을 매일 접하며 산다.

악 중에서 가장 최고의 악은 아마도 전쟁일 것이다. 까닭 없는 증오, 살인, 광기, 보복, 유혈, 폭력, 공포, 죽음, 이별 등 전쟁은 악의 화신이 만들어내는 종합예술이다. 그런가 하면 이런 악도 있다.

2015년 7월 16일에 있었던 일이다. 수니파 무장조직 이슬람 국가(IS)는 열 살 남짓한 한 어린 소년이 손이 뒤로 묶인 성인 남성 한 명을 참수하는 4분 40초짜리 동영상을 공개했다. 이것을 보고 전 세계가 경악했다.

2015년 1월 8일에 인천 송도의 한 어린이집에서 일어난 일이다. 점심식사 후에 급식판을 수거하는 과정에서 네 살짜리 여자아이가 음식을 남겼다. 이것을 다시 먹게 하는 과정에서 아이가 김치를 뱉어내자 보육교사는 오른손으로 아이의 머리를 후려쳤다. 아이는 맞으면서 멀찍이 나가 떨어졌다. 아이는 다리를 배배 꼬는 등 잠시 이상한 행동을 보이더니 곧 일어났다. 그리고 아무일 없었다는 듯이 식판을 다시 가져갔고, 남은 음식을 주워 먹기 시작했다. 폐쇄회로에 찍힌 이러한 영상을 보고 전국민이 분노했다.

살아가면서 악한 사람들로부터 노골적인 공격을 받을 때가 있다. 아예 악한 사람이라는 명찰을 달고 나오는 사악한 사람들도 있다. 바울의 표현대로 한다면 사탄에 내어준 바 된 사람들이다. 그들은 나를 향한 적대감을 감추지 않는다. 그들은 거룩하게 살려는 내 의지를 한순간에 허물어뜨린다. 이들로부터 공격을 받으면 누구나 '눈에는 눈, 이에는 이'라는 마음을 품게 된다.

최근에 어떤 분으로부터 이런 말을 들었다. "목사님, 저는 저를 못살게 구는 나쁜 놈들한텐 좋은 말로 안해요. 나쁜 주먹으로도 안

해요. 그냥 조용히 그놈 차 앞바퀴 뒷바퀴의 타이어 나사를 몇 개 풀어놓아요. 어디 굴러가다 콱 쳐박히게요."

우리가 악에 대해서 말할 때 분명히 전제되어야 할 것이 있다. 그것은 나 역시 악한 존재라는 사실이다. 악한 존재가 따로 있는 것이 아니다. 우리는 우리 자신이 썩 괜찮은 사람이라고 생각하는 경향이 있다. 그러나 그렇지 않다. 추악한 악의 모습은 내 자신 안에서도 얼마든지 발견된다. 바울은 말세에 사람들이 무정하며 원통함을 풀지 아니하며 모함하며 절제하지 못하며 사나우며 선한 것을 좋아하지 아니하며 배신하며 조급하며 자만해질 것이라고 했다(딤후 3:3-4). 그리고 자기 자신의 모습에 대해서도 정직하게 직면한다.

> 내 속 곧 내 육신에 선한 것이 거하지 아니하는 줄을 아노니 원함은 내게 있으나 선을 행하는 것은 없노라 내가 원하는 바 선은 행하지 아니하고 도리어 원하지 아니하는 바 악을 행하는도다 만일 내가 원하지 아니하는 그것을 하면 이를 행하는 자는 내가 아니요 내 속에 거하는 죄니라 그러므로 내가 한 법을 깨달았노니 곧 선을 행하기 원하는 나에게 악이 함께 있는 것이로다 내 속사람으로는 하나님의 법을 즐거워하되 내 지체 속에서 한 다른 법이 내 마음의 법과 싸워 내 지체 속에 있는 죄의 법으로 나를 사로잡는 것을 보는도다 오호라 나는 곤고한 사람이로다 이 사망의 몸에서 누가 나를 건져내랴 _롬 7:18-24

사도 바울의 처절한 고민이 바로 이것이었다. 아무리 선한 다짐을 해도 하는 족족 악한 일이 되니 자신이 얼마나 비참한 존재냐는 것이다. 악의 포로가 되어 질질 끌려가는 자신을 어떻게 하면 좋겠냐는 것이다. 이 사망의 몸에서 누가 나를 건져주겠느냐는 탄식이다.

교묘하게 위장된 악

인간은 약하다. 동시에 악하다. 피조물들 가운데 가장 악하다. 코모도 도마뱀이 따로 있는 것이 아니다. 나 자신이 코모도 도마뱀이다. 타인이 내게 위험한 것이 아니라 내가 타인에게 치명적인 재앙이 될 수 있다는 것을 인식해야 한다. 악에서 떠나려는 사람들은 바울처럼 자신 안에 넘치는 악을 제대로 본다.

욥은 코모도 도마뱀 같은 사탄의 공격을 제대로 당했다. 욥이 당한 3중 고통은 1장 후반부와 2장 전반부에 짧게 등장한다. 나머지 37장까지 길게 이어지는 부분은 욥의 고통에 대한 친구들의 주제넘은 해석과 충고다. 친구들의 하는 말들을 들어보면 참으로 기가 막히다. 우리는 종종 우리를 위한답시고 하는 말에 차갑게 마음이 식는 경험을 한다.

생각하여 보라 죄 없이 망한 자가 누구인가 정직한 자의 끊어짐이 어디 있는가 … 나라면 하나님을 찾겠고 내 일을 하나님께 의탁하리라 … 하나님은 아프게 하시다가 싸매시며 상하게 하시다가 그의 손으로 고치시나니 여섯 가지 환난에서 너를 구원하시며 일곱 가지 환난이라도 그 재앙이 네게 미치지 않게 하시며 _욥 4:7; 5:8,18,19, 엘리바스의 말

하나님이 어찌 정의를 굽게 하시겠으며 전능하신 이가 어찌 공의를 굽게 하시겠는가 네 자녀들이 주께 죄를 지었으므로 주께서 그들을 그 죄에 버려두셨나니 네가 만일 하나님을 찾으며 전능하신 이에게 간구하고 또 청결하고 정직하면 반드시 너를 돌보시고 네 의로운 처소를 평안하게 하실 것이라 네 시작은 미약하였으나 네 나중은 심히 창대하리라 _욥 8:3-7, 빌닷의 말

네 말에 의하면 내 도는 정결하고 나는 주께서 보시기에 깨끗하다 하는구나 하나님은 말씀을 내시며 너를 향하여 입을 여시고 지혜의 오묘함으로 네게 보이시기를 원하노니 이는 그의 지식이 광대하심이라 하나님께서 너로 하여금 너의 죄를 잊게 하여 주셨음을 알라 _욥 11:4-6, 소발의 말

때리는 시어머니보다 말리는 시누이가 더 미운 법이다. 그들은 욥이 당하는 고통에 염장을 지른다. 전 재산이 날아가고, 자녀 열

명을 한꺼번에 잃고 문둥병을 연상시키는 질병까지 얻은 친구에게 "너의 죄를 잊게 하여 주셨음을 알라"라고 말한다. 개역한글 성경을 참고하면 이는 '네가 지은 죄보다 하나님이 내리신 벌이 오히려 가벼운 줄 알라'라는 말이다. 욥의 친구들은 대놓고 욥을 중죄인 취급하며 조언한다. 만일 내 친구들이 이런 조언을 했다면 나는 아마 그들과 절교했을지도 모른다. 친구들의 말은 교묘하게 위장된 악이었다. 욥은 이 고통을 제일 견디기 힘들어 했을 것이다.

이제 안팎으로 악한 환경이 조성되었다. 사탄은 이런 환경을 만들어 놓고 욥의 행동을 부릅뜬 눈으로 지켜보았을 것이다. 욥이 이런 상황에서 어떻게 악을 해독할 것인가?

악을 해독하는 약

욥은 하나님을 욕하고 죽을 수 있는 환경에 놓여 있다. 그러나 그는 하나님을 더욱 굳게 붙잡는다. 하나님과 그의 관계에 금이 간 부분은 조금도 없었다. 그리고 욥은 친구들을 용서한다. 하나님은 욥에게 친구들을 위해 빌라고 말씀하셨다. 욥은 자기에게 독설을 날린 친구들을 용서함으로 악의 공격을 훌륭하게 통과한다.

욥이 그의 친구들을 위하여 기도할 때 여호와께서 욥의 곤경을 돌이키시고 여호와께서 욥에게 이전 모든 소유보다 갑절이나 주신지라 _욥 42:10

욥이 그의 친구들을 위해 기도했다는 것은 친구들을 용서했다는 말이다. 나는 이 점이 매우 중요한 포인트라고 믿는다. 욥은 이렇게 말할 수도 있었다.

“하나님, 이제 알겠습니다. 제게 고통을 주신 이유가 제가 미워서가 아니라 저를 믿어서였다면 하나님을 이해할 수 있습니다. 그리고 하나님이 허락하신 일이었다면 사탄조차도 이해할 수 있습니다. 그러나 제 친구들은 도저히 용서 못하겠습니다. 어떻게 저들이 저한테 그렇게 말할 수 있습니까? 다른 사람들은 몰라도 저 친구들 만큼은 도저히 용서할 수 없습니다. 용서가 안 됩니다.”

그런데 욥은 이렇게 하지 않았다. 그랬다면 욥은 순전하지도, 하나님을 경외하지도, 악에서 떠난 종도 아닐 것이다. 우리는 욥기의 마지막 장에서 감동적인 모습을 본다. 그것은 하나님을 주인으로 섬기는 종이 악에서 떠나는 모습이다. 욥은 친구들을 용서하라는 하나님의 말씀에 순종한다. 욥이 강한 자아로 맞섰다면 절대 친구들을 용서할 수 없다고 버텼을 것이다. 그러나 욥은 자기 자신을 넘어선다.

종의 자존심보다 중요한 것은 주인의 말씀이다. 욥의 용서는 하나님이 하라고 하시니 억지로 하는 용서가 아니었다. 자신을 위한 용서가 아니라 하나님의 영광을 위한 용서였다. 하나님의, 하나님에, 하나님을 위한 완전한 용서였다. 욥은 친구들 말 속에 숨어 있는 악에 감염되지 않았다. 그리고 무엇보다도 자신의 내면에 있는 악한 모습에 굴복하지 않았다. 흔들림은 있었으나 넘어짐은 없었다. 그는 선으로 악을 이겼다. 용서함으로 악에서 떠났다. 나는 욥을 지켜보던 사탄이 백기를 든 시점이 이 대목이었을 것이라고 믿는다.

종의 자존심보다 중요한 것

욥기 42장 10절은 훅하고 지나가지만 그 한 구절은 묵상할 수록 가볍지 않다. 지금 이 시간에도 아주 많은 사람들이 누군가를 용서하지 못한 채 불편한 마음으로 이 구절에 머물러 있을 것이다. 하나님을 경외함으로 섬기는 순전한 종들은 선으로 악을 이긴다. 결코 악과 함께 뒹굴지 않는다. 누가복음 23장 34절은 우리로 하여금 악에서 떠나게 하는 가장 강력한 말씀이다.

> 아버지 저들을 사하여 주옵소서 자기들이 하는 것을 알지 못함이니이다 _눅 23:34
>
> Father, forgive them, for they do not know what they are doing. _NIV

예수님은 이 말씀을 십자가 위에서 하셨다. 예수님은 마지막 6시간 동안 말할 수 없는 악의 공격을 받으셨다. 십자가는 저들 편에서는 재앙이었기에 사탄을 비롯한 지옥의 권세들이 총출동했다. 그런데 예수님은 이 열 단어의 말씀으로 악에서 떠나셨다. 예수님은 악의 공격을 받으시는 동안 아버지의 이름을 부르셨다. 그리고 자신의 뜻대로 구하지 않고 아버지의 뜻대로 구하는 기도를 드리셨다. 예수님은 악한 환경에서 떠나 아버지의 품에 안기셨다.

나는 예수님의 십자가를 묵상하면서 겟세마네 동산의 기도를 생각하지 않을 수 없다. 예수님의 일생에는 용서할 수 없는 사람들이 많이 있었다. 산헤드린의 바리새인들과 대제사장, 로마 총독 빌라도, 로마 병정, 믿음직스럽지 못한 제자에 스승을 팔아넘긴 제자까지. 이들은 예수님의 일생을 고통스럽게 만들었다. 그런데 예수님은 십자가에 달리시기 전 겟세마네 동산의 기도의 자리에서 예상되는 모든 악을 해독하셨다. 땀이 땅에 떨어지는 핏방울처럼 되는 기도를 통해서 악에서 떠나셨다.

내 아버지여 만일 할 만하시거든 이 잔을 내게서 지나가게 하옵소서
그러나 나의 원대로 마시옵고 아버지의 원대로 하옵소서 _마 26:39

골고다 십자가 이전에 겟세마네 동산의 기도가 있었다. 예수님은 우리에게도 이 길로 따라오라고 말씀하신다. 기도가 우리를 악에서 떠나게 한다. 사탄은 우리가 무슨 고통을 당했는지, 누가 내게 그렇게 했는지 끊임없이 생각하게 만든다. 그래서 곱씹을수록

분하고 울화통 터지게 한다. 복수, 원한, 분노의 감정들은 본질상 불이다. 그것들은 먼저 나 자신을 태운다. 그런데 원망과 복수의 감정이 사그러지지 않도록 그 불에 끊임없이 휘발유를 끼얹는 것은 고통스런 일이다. 그러나 그런 감정을 그대로 가지고 하나님 앞에 나아가 말씀드리면 그것은 기도가 된다.

기도로 악을 해독한 다윗

"그놈이 더도 말고 덜도 말고 꼭 내가 당한 것만큼 당하게 하소서. 그놈이 오래 살지 못하게 하시고, 그놈 하던 일을 다른 사람이 빼앗게 하소서. 그놈 자식은 아비 없는 자식이 되게 하시고, 그놈 아내는 과부가 되게 하소서. 그놈의 아버지가 지은 죄, 그놈의 어머니가 지은 죄도 지워지지 않게 하소서."

이것은 시편 109편에 나오는 다윗의 기도다. 다윗은 그놈 아비, 그놈, 그놈 자식 곧 3대에 걸쳐 대물림 될 저주를 퍼붓고 있다. 도대체 그놈이 누구며, 그놈 때문에 어떤 고통을 당했길래 이런 말까지 할까 싶다. 우리는 다윗의 생애에 이런 사람들이 여럿 있었을 것이라고 짐작할 수 있다. 다윗이 악한 사람이었다면 그는 자신의 악한 의지를 정치적으로 노골적이거나 은밀하게 행사했을 것이다. 그놈의 생명을 해치거나 어떤 식으로든 보복을 했을 것이다.

그러나 다윗은 하나님께 나와 기도한다. 그는 느끼는 대로 말하고 생각나는 대로 일러바친다. 내가 왜 아픈지, 하나님 때문에 내가 얼마나 손해 보며 사는지 말씀드린다. 그래도 좋은 자리는 기도자리밖에 없다. 기도의 자리는 하나님께 불평하는 자리다. 묻는 자리다. 그리고 동시에 대답을 듣는 자리다. 해독하는 자리이며, 위로 받는 자리이며, 능력 받는 자리다.

> 내 하나님이여 내 하나님이여 어찌 나를 버리셨나이까 어찌 나를 멀리 하여 돕지 아니하시오며 내 신음 소리를 듣지 아니하시나이까 … 나는 벌레요 사람이 아니라 사람의 비방 거리요 백성의 조롱 거리니이다 나를 보는 자는 다 나를 비웃으며 입술을 비쭉거리고 머리를 흔들며 말하되 그가 여호와께 의탁하니 구원하실 걸, 그를 기뻐하시니 건지실 걸 하나이다 … 나는 물같이 쏟아졌으며 내 모든 뼈는 어그러졌으며 내 마음은 밀랍 같아서 내 속에서 녹았으며 … 여호와여 멀리 하지 마옵소서 나의 힘이시여 속히 나를 도우소서 내 생명을 칼에서 건지시며 내 유일한 것을 개의 세력에서 구하소서
>
> _시 22:1, 6-8,14,19-20

대적들로부터 눈에 보이지 않는 화살을 이백 대쯤 맞고 돌아와 하나님 앞에서 쓰러지는 다윗의 모습이 연상된다. 그리고 그 화살 하나하나를 뽑아 주시며 해독해 주시는 하나님의 모습도 연상된다. 다윗은 울며 나아왔으나 기운을 차리고 다시 일어선다. 악한

공격을 받았을 때 악한 대상을 바라보아서는 악을 이길 수 없다. 주인 되신 하나님을 바라볼 때 악에서 떠날 수 있다.

악한 세상에서 선하게 산다는 것

얼마 전 천만 관객을 돌파했다는 영화를 한 편 보았다. 경찰이 흉악한 범죄를 저지르고 사실을 은폐하려는 재벌 2세를 끝까지 추적해 체포한다는 내용이었다. 그런데 누가 악당이고 누가 경찰인지 구분이 되지 않았다. 주인공 경찰은 정당방위 상황을 직접 만들어가면서 범인을 때렸다.

영화를 보면서 악당이 경찰을 때리는 것은 죄고, 경찰이 악당을 때리는 것은 죄가 안 된다고 생각한다면 그건 인지부조화다. 더 나쁜 죄다. 이런 생각이 나는 너를 때려도 되고 너는 나를 때리면 안 된다는 식으로 이어진다면, 그건 확증편향이다. 오만하고 편견으로 가득 찬 인간이 되는 것이다. 하고 싶은 말 다 하고 살지 못하는 울화통 터지는 세상에서, 2퍼센트 아쉬운 마음을 달래줄 주인공의 욕이 찰지게 들렸다면, 우리는 좀 더 악을 해독해야 한다. 간디는 "눈에는 눈 이에는 이, 이러한 보복이 세상을 눈멀게 할 뿐"이라고 말했다.

악한 세상에서 선하게 산다는 것은 눈물 나는 일이다. 그러나 우리는 하나님 나라의 대표 선수들이다. 우리에게는 더 큰 부르심의 사명이 있다. 악의 공격을 받고 악과 함께 뒹굴다가 퇴장당해서는 안된다. 승리의 트로피를 받을 때까지 끝까지 분투해야 한다. 내 맘대로 해도 좋은 순간은 단 한순간도 없다. 일절 여호와를 경외함으로 악에서 떠나는 종이 되어야 할 것이다.

내 이름으로 일컫는 내 백성이 그들의 악한 길에서 떠나 스스로 낮추고 기도하여 내 얼굴을 찾으면 내가 하늘에서 듣고 그들의 죄를 사하고 그들의 땅을 고칠지라 _대하 7:14

3부

하나님이 자존심을 거신 종이라면

家貧思良妻 (가빈사양처)

世亂識忠臣 (세란식충신)

疾風知勁草 (질풍지경초)

“가정이 어려울 때면 좋은 아내가 생각나고, 세상이 어지러울 때는 충직한 신하가 생각나며, 세찬 바람이 불 때면 어떤 풀이 곧은 풀인지 알게 된다”라는 말이다.

한국 야구사에서 1984년의 한국시리즈는 불멸의 명승부로 회자된다. 이 승부의 중심에 고(故) 최동원 투수가 있다. 당시 일찌감치 한국시리즈 진출을 확정 지은 팀은 ‘삼성 라이온즈’였다. 삼성은 강팀 ‘OB베어스’를 피하기 위해 져주기 게임을 했다는 의혹을 받았다. 그들이 고른

팀이 당시의 약체 '롯데 자이언츠'였다.

이렇게 맞붙은 7전4선승제의 게임에서 최동원 투수는 다섯 차례 등판했다. 승부는 6차전까지 3대3으로 팽팽했는데, 마지막 7차전에서 최동원은 완투승을 거두며 팀을 승리로 이끈다.

1차전 완봉승, 3차전 완투승, 5차전 완투패, 6차전 5회에 등판해 구원승, 7차전 완투승. 그는 40이닝을 던지며 혼자서 4승을 따내는 전무후무한 기록을 남겼다. 요즘 같았으면 투수 혹사논란이 있었을 것이다. 그러나 그때 그 시절에 그런 것은 없었다. 전쟁 같은 게임이었다.

프로야구 경기에서 투수가 실전에서 100개 넘는 공을 던질 경우 감독은 투수를 교체한다. 어깨 근육에 젖산이 축적되어 피로해지기 때문인데, 이것이 글리코겐으로 재합성되어 회복이 되기까지는 최소 이틀 이상의 휴식이 필요하다고 한다. 그 전에 투구를 하게 되면 상당한 어깨 통증이 수반되는데, 그럼에도 무리해서 계속 던지면 심각한 부상을 입을 수 있다. 이틀 후에 회복된다는 것도 구위가 회복된다는 것이 아니라 단지 어깨 피로로부터 회복된다는 말이라고 한다.

최동원 투수는 과학 상식이 말하는 투구를 벗어나 있었다. 믿을 것이라고는 투수밖에 없던 팀이었다. 견제구 같은 것은 없었다. 오직 3구 3진으로 승부했던 최동원은 그렇게 몸이 부서져라 던지고도 MVP 상을 타지 못했다.

지금도 고(故) 최동원 투수는 부산 팬들의 가슴 속에 전설로 남아 있다고 한다. 이 게임 다음 날, 부산의 어느 고등학교 3학년 교실에서 담임 선생님이 이렇게 말했다고 한다.

"니들 어제 최동원이 공 뿌리는 거 봤나? 이기 남자데이."

아버지는 병환으로 누워 계시고, 어머니는 장에 나물 팔러 가시고, 동생들이 줄줄이 달린 집안의 장남, 장녀들. 이들은 어머니를 대신해 아버지를 챙기고 동생들을 학교에 보낸 후 자기 손으로 소풍 도시락을 싸 들고 학교에 간다. 또 가혹한 현실 앞에서 엄살 떨지 않고 마운드에 서서 어깨가 부서져라 공을 뿌려대는 사람도 있다. 힘들고 어려워도 도망가지 않고 자기의 자리를 지키며 해야 할 일을 하는, 망해가는 집안의 든든한 맏형 같은 사람들. 이기든 지든 끝까지 던지는 사람들.

이처럼 패역한 세상 가운데서 별처럼 빛났던 믿음의 선배들이 있다. 그 가운데는 하나님이 콕 집어 말씀하신 사람들도 있다.

> 비록 노아, 다니엘, 욥, 이 세 사람이 거기에 있을지라도 그들은 자기의 공의로 자기의 생명만 건지리라 나 주 여호와의 말이니라
>
> _겔 14:14

에스겔 14장에는 '비록 이 세 사람이 거기에 있을지라도'라는 말씀이

네 번이나 등장한다. 이 말씀의 의미는 분명하다. 하나님은 이 시대에서 노아, 다니엘, 욥 같은 믿음의 사람이 보고 싶으시다는 것이다. 그리고 이들이 살았던 시대보다 현재가 더 악한 세상이 되었다는 말씀이다. 그때 그들의 믿음이 자신뿐 아니라 다른 사람들까지 구원했다면 오늘날에는 자기 자신밖에 구원하지 못할 것이라는 말씀이다.

그때 그 시절, 거기 있었던 영웅을 그리워하는 것은 인간만이 아니다. 하나님도 그러하시다. 오늘날에는 그런 종들을 찾아보기가 어렵기 때문이다. '세상'이라는 마운드에 서서 하나님의 자존심으로 살았던 그때, 그 종들을 살펴보자.

09

자기 집을 구원한다

나는 어렸을 때 '노아 이야기'가 꽤 낭만적인 스토리라고 생각했다. 어린이 성경의 표지 모델은 단연 노아 할아버지였다. 수염이 길게 난 할아버지, 큰 배, 배 안의 예쁜 동물들, 그리고 무지개. 노아 이야기는 교회학교 설교의 단골 소재이기도 하고, 노아와 관련된 어린이 찬양도 있다.

나는 구원 방주 올라타고서 하늘나라 가지요
험한 시험 물결 달려들어도 전혀 겁내지 않죠
배 삯 필요 없어요. 주님 선장 되시니 나는 염려 없어요
나는 구원 방주 올라 타고서 하늘나라 가지요

그러나 성장하면서 생각이 완전히 바뀌었다. 구원 방주에 올라

탄다는 것이 생각보다 어렵다는 것을 알게 된 것이다. 험한 시험 물결이 달려들 때 전혀 겁내지 않는다는 것도 생각처럼 되지 않았다. 선장 되신 주님께 염려를 맡기는 것도 쉬운 이야기가 아니다.

믿음으로, 말씀에 따르다

히브리서는 노아에 대해 이렇게 말한다.

> 믿음으로 노아는 아직 보이지 않는 일에 경고하심을 받아 경외함으로 방주를 준비하여 그 집을 구원하였으니 이로 말미암아 세상을 정죄하고 믿음을 따르는 의의 상속자가 되었느니라 _히 11:7

이를 정리해 보면 세 가지로 설명할 수 있다.

- ㅇ보이지 않는 일에 경고하심을 받은 사람
- ㅇ하나님을 경외함으로 방주를 만든 사람
- ㅇ자기 집을 구원한 사람

노아는 진실로 대단한 종이었다. 보이지 않는 일에 경고하심을 받는다는 것은 어려운 일이다. 보이는 경고를 받고도 정신 못 차리고 사는 사람들이 많은데 말이다. '보이지 않는 경고'란 '홍수

심판'을 말한다. 노아는 홍수를 경험해 보지 않은 사람이다. 그러니 하나님이 하시는 말씀이 상상되지 않았을 것이다. 눈에 보이지도 않고 경험조차 없는 경고를 받아들인다는 것은 쉬운 이야기가 아니다.

그런데 노아는 홍수에 대한 경고를 그대로 받아들이고 믿었다. 하나님의 말씀이 자신의 생각보다 중요하다고 믿는 사람이었기 때문이다. 믿음 없는 세상은 이런 사람을 이해하지 못한다. 보이지 않는 일에 경고하심을 받은 당대의 한 사람이 바로 노아였다.

하나님은 그런 노아에게 배를 만들라고 지시하셨다. 그런데 그 지시란 것이 달랑 세 구절이다. 노아가 들으면서 어떤 생각을 했을지 궁금하다.

> 너는 고페르 나무로 너를 위하여 방주를 만들되 그 안에 칸들을 막고 역청을 그 안팎에 칠하라 네가 만들 방주는 이러하니 그 길이는 삼백 규빗, 너비는 오십 규빗, 높이는 삼십 규빗이라 거기에 창을 내되 위에서부터 한 규빗에 내고 그 문은 옆으로 내고 상 중 하 삼층으로 할지니라 _창 6:14-16

우선 방주의 크기가 장난 아니다. 길이 450피트(135미터), 넓이 75피트(22.5미터), 높이 45피트(13.5미터)의 고페르 나무로 만들어진 목재선이다. 농구 코트 20개가 들어갈 수 있는 크기에 화차 522량에 해당하는 14,000톤을 적재할 수 있는 부피다. 그렇다면 하나님은 작은 배를 만들라는 것이 아니라 대형 선박을 건조하라는 말씀이셨다. 하나님 참 말씀 쉽게 하신다. "참 쉽죠잉?"

그런데 이런 엄청난 사이즈의 배에 자체 동력이 없다. 그야말로 '돛대도 아니 달고 삿대도 없는' 배다. 최소한 흐르는 물결 따라 방향을 바꿀 수 있는 조종간도 없다. 한마디로 이 배는 물에 뜨기만 할 뿐, 배에 탄 사람들의 의지가 손톱만큼도 허용되지 않는 그런 배다.

이런 엄청난 크기의 선박을 건조하면서 어디로 어떻게 흘러가다가 어디서 어떻게 멈출지 모르는 무섭기 짝이 없는 배를 어떻게 제작하라는 말씀이신가?

창문의 위치도 애매하다. 상중하 3층으로 된 배에 위에서 한 규빗(약 45센티미터) 정도 되는 곳에 조그맣게 창문을 내라고 하셨다. 도대체 밖을 보라는 건지 말라는 건지 설계자의 의도가 궁금하다. 노아는 배 밖으로 나올 것을 결정할 때 물이 빠졌는지를 알아보기 위해 비둘기를 띄워 보냈다. 창문을 통해서 배 밑을 볼 수 있었다면 굳이 이런 방식을 취하지 않아도 되었을 것이다.

또 한 가지는 배에 탄 짐승들과 사람들에게서 나오는 분뇨와 배설물 등의 처리 문제다. 화장실과 환기 시설 같은 세부사항에 대한 것은 어떻게 하라는 것인가? 이 점에 대해서는 언급이 없으시다. 그냥 알아서 하라는 거다.

노아가 세 아들을 낳았던 때가 오백 세가 지난 때라고 했다. 그리고 홍수가 시작된 시점은 노아가 육백 세 되던 해 둘째 달이라고 했다. 그럼 백 년 이상의 시간 동안 배를 만들었다는 추론이 가능하다. 성경은 노아가 어떤 직업에 종사하는 사람이었는지 말하고 있지 않다. 그러나 고고학적인 증거에 의하면 노아는 바다가 있는 곳으로부터 200킬로미터 떨어진 곳에 살고 있었을 것으로 추정된다. 노아는 선박 건조에 관한 한 비전문가였다는 말이다. 정말이지, 하나님이 명하신 방주는 처음부터 끝까지 순종할 수 없는 주문들로 가득하다. 그런데도 노아는 하나님의 말씀에 대해서 어떤 질문도 하지 않는다.

하나님의 아픔을 이해한 사람

사람들은 믿을 수 있는 것들만 믿는 경향이 있다. 내 이성을 설득시킬 수 없는 것들에 대해서는 사실을 부정하거나 판단을 보류한다. 하나님이 세상을 다스려 나가시는 신비에 대해 무지하며, 하나님의 섭리 앞에서 내 생각과 판단을 내려놓는 것을 주저한다. 그러나 노아는 자신의 생각보다 하나님의 아픔을 이해한 사람이었다. 하나님의 뜻이 곧 노아의 삶이었다.

노아는 주인의 명령이 평생의 과업이 된다 해도 만사를 작파하고 그 명령을 수행하는 그런 종이었다. 노아는 잠깐만 생각해 봐도 의문투성이인 배를 만들라고 지시하시는 명령에 대해 한마디 질문도 없다. 하나님의 말씀은 노아에게 재정적 곤란뿐 아니라 많은 시간이 소요될 수고스러운 과업이었을 것이다.

《나는 죽고 예수로 사는 사람》이라는 책을 쓰신 유기성 목사님은 "24시간 예수님을 바라보라"라고 하셨다. 그리고 영성일기를 매일 쓰라고 하셨다. 예수님이 주인 되시는 삶을 위한 실천 방법이다. 노아의 경우를 보자면 이건 그 정도가 아니다. 24시간 주님을 바라보는 정도, 영성일기를 쓰는 정도가 아니라 아침에 눈 뜨면 바로 산에 올라가 뚝딱거리며 배를 만드는 실제였다. 노아는 이런 행동을 백 년 넘게 지속했다. 하나님을 경외하는 마음이 없었다면 불가능한 순종이다.

신앙생활은 늘 유쾌하고 밝은 마음만으로 할 수 없다. 두렵고 떨리는 마음이 있어야 한다. 흔들림 없는 확신이란 두렵고 떨리는 마음에서 비롯된다. 노아는 하나님을 경외함으로 방주를 제작했다.

결정적으로 노아 이야기에서 가장 어려운 대목! 노아는 그 배에 자기 가족 모두를 태웠다. 이상한 배를 만드는 것도 어렵지만 가족을 태우는 것은 더 어렵다. 그런데 하나님은 그 배에 가족을 태우라고 하셨다. 노아, 노아의 아내, 노아의 세 아들, 그리고 세 며느리까지 도합 8명이다.

방주에 탄 사람들은 2대에 걸친 노아의 직계가족 8명이었다. 노아는 한 여자의 남편이었고, 세 아들의 아버지였으며, 세 며느리들의 시아버지였다. 이들 8명의 관계를 보면 부부 관계, 부자 관계, 형제 관계, 고부 관계, 동서 관계다. 가깝고 쉬운 관계 같지만 어느 하나 쉬운 관계가 없다.

한번 생각해 보라. 어떻게 간신히 배를 만들었다 하자. 그런데 나는 그렇다 치고, 이런 배에 내 가족을 태울 수 있을까? 또 타라고 하면 가족이 순순히 그 말에 따를까? 당신은 가족으로부터 그런 신뢰를 받는 사람인가?

노아의 하나님 경외는 방주를 만들었다는 것으로 단적으로 증명된다. 그리고 그가 가족으로부터 어느 정도 신뢰를 받았는가 하는 것은 그 배에 가족을 태웠다는 사실로 역시 증명된다. 오늘날 우리가 살아가는 모습을 보자면 어림없는 이야기가 아닐까 싶다.

한 인터넷 포털 사이트의 상담실에 중학생의 글이 하나 올라왔다. 아버지가 술을 드시고 집에 들어와 엄마와 자신을 때리는데 어떻게 하면 좋겠냐며 님들의 고견을 듣고 싶다고 했다. 여기에 같은 또래들의 대답이 줄줄이 달렸다.

"님이 남자인지 여자인지 모르겠지만 남자라면 아버지와 맞짱 한번 뜨십시오. 제가 아는 남자애도 아버지한테 '엄마 한 번만 더 때리면 죽여버리겠다'라고 했더니 그 뒤로 술 안 마신답니다. 그

방법이 최곱니다."

"아빠 엄마가 싸울 것 같은 날을 대비해서 약국에서 소화제랑 비타민제를 사둡니다. 그리고 싸움이 시작되면 비명을 지르세요. 어른들이 들어오면 약병을 손에 쥐고 누워 계세요. 무슨 일이냐고 물으시면 대답하세요. '몰라, 아무 약이나 먹었어.'"

아이들은 다 안다. 아니 더 안다. 가정의 붕괴는 부부 관계에서 시작된다. 오늘날 부부관계의 붕괴는 생각보다 심각하다. 한국은 미국, 스웨덴에 이어 이혼율 3위의 국가다. 세 쌍 중에 한 쌍이 이혼한다는 말은 십 년 전 이야기다. 세상은 또 달라졌다. 이제 두 쌍 가운데 한 쌍이 이혼한다. 초혼의 50퍼센트, 재혼의 70퍼센트가 이혼으로 끝난다.

결혼이 신성한 예식이라고 생각하는 사람들은 종교인 외에는 없다. 목사님 모시고 하나님과 여러 증인들 앞에서 기쁠 때나 슬플 때나, 건강할 때나 병들었을 때나, 부유할 때나 가난할 때라도, 죽음이 우리를 갈라놓을 때까지 오늘의 이 약속을 변치 않고 지킬 것이라며 엄숙히 서약하는 커플들이 점차 사라지고 있다. 자기들 편한 대로 시집가고 장가간다. 목사님 같은 '부담스런' 분을 모시지 않는다. 상대방을 영원히 책임지겠다는 식의 약속도 피차 생략한다. 살아보다가 안 맞으면 헤어지고 수틀리면 갈라선다.

배우자의 불륜도 생각보다 심각하다. 한 조사에 의하면 유부녀의 15퍼센트가 남편 외의 상대와 바람을 피운다고 한다. 유부남인 경우는 25퍼센트다. 네 명 중 한 명이다. 또, 현재 불륜 관계에 있지는 않지만 들키지 않는다면 불륜을 경험해 볼 것이라고 대답한 여성이 68퍼센트라고 한다. 점점 결혼은 '사랑+신뢰의 결합'이 아닌 '조건+경제의 동거'로 이해되고 있다.

부자 관계도 만만치 않은 관계다. 아버지와 아들의 관계는 딱 두 가지다. 존경하거나 증오하거나. 모녀 관계도 그러하다. 멀리서 생각하면 눈물 나고 가까이에 있으면 화가 나는 관계라고 한다. 아버지를 증오하는 아들이 많다. 무능한 가장이 휘둘러 대는 광포한 폭력에 얼마나 많은 자녀들이 상처를 입고 사는지 모른다. 때로는 숨 죽이며, 때로는 같이 맞서며 아슬아슬하게 살아가다가 사회생활에 낙오하는 자녀도 많다.

형제 관계도 쉽지 않은 관계다. 성경에 등장하는 인류 최초의 살인은 형이 동생을 죽인 것이다. 야곱과 에서를 보아도 그렇다. 야곱이 그때 도망치지 않았다면 형의 칼에 죽었을 것이다. 부모라는 한 배에서 태어났지만 태어나는 순간부터 경쟁과 비교가 시작된다. 잘난 형, 동생을 둔 까닭에 끝없이 비교당하고 차별 받는다. 형제는 어떤 면에서 나와 꼭 닮은 타인이다.

고부 관계는 길게 설명할 필요가 없다. 이 관계는 책에까지 나오는 관계다. 둘 중 누구 하나가 죽어야 끝난다. 직접적이지 않으면서 더 직접적이어야 하고, 생물학적인 부모 자식 관계도 아니면서 부모 자식간의 관계를 더 요구받는 어려운 관계다. 남편만 아니라면 정말 아무것도 아닌 사람들인데, 한 남자를 두고 두 여자가 벌이는 신경전이 실로 대단하다.

노아의 방주에 실린 가치

중국에서 실제 일어난 일이라고 한다. 시어머니와 며느리가 다투었는데, 다툰 장소가 하필이면 강가였다. 성질이 급한 며느리가 이렇게는 못산다며 강으로 뛰어들었다. 그러자 며느리보다 더 다혈질인 어머니도 나라고 못 뛰어들 줄 아냐며 같이 뛰어들었다. 같이 죽자고 뛰어든 것이다. 그야말로 "나와 어머니가 동시에 물에 빠졌다면 누구부터 구할거냐?" 하는 상황이 실제로 벌어진 것이다.

남편은 강으로 뛰어들어 어머니를 건져냈다. 아내는 강가를 산책 중이던 다른 남성에 의해 구조되었다. 결론적으로 둘 다 구조가 되었다. 남편되는 사람에게 기자가 물었다. "왜 어머니를 먼저 꺼내셨습니까?" 남성의 대답은 간단했다. "어머니가 더 연로하시기 때문입니다." 이 기사를 본 중국의 많은 사람들이 '아직 우리나라에 윤리가 살아 있다'라며 칭찬이 자자했지만, 한 네티즌은 이런 임팩트 있는 리플을 달았다.

"아내에게 시달린 남편, 일주일 뒤 강에서 익사체로 발견!"

가족은 나를 가장 잘 아는 사람들이다. 가장 잘 알기에 가장 잘

지지해 줄 것처럼 보여도 실상은 그렇지 않다. 가장 나를 잘 알기에 가장 나를 믿지 않을 수 있다. 지금까지 살면서 나를 신뢰하는 다른 사람 7명을 선발해서 배에 태우라면 태울 수 있을 것 같기도 하다. 그러나 가족을 태운다는 것은 완전히 다른 문제다. 그들에게까지 나를 숨길 수는 없다. 오늘날 가족은 가장이 명령한다고 따르지 않는다. 머리 큰 자식은 감동이 되고 신뢰가 될 때라야 가장을 따른다. 결혼 전과 결혼 후의 순종 여부는 아내의 입장에 따라 또 달라진다.

실로 부부 관계, 부자 관계, 모자 관계, 형제 관계, 고부 관계, 동서 관계 어느 하나만 삐끗해도 노아의 방주는 없었을 것이다. 노아가 대단하다고 생각되는 대목이 바로 이 대목이다. 노아는 그 이상한 배에 가족 모두를 태웠다.

노아의 이야기는 우리에게 중요한 메시지를 준다. 하나님의 종이 가장 먼저 신뢰 받아야 할 곳은 가정이라는 것이다. 하나님의 종은 가정에 목숨을 걸어야 한다.

노아의 방주에는 없는 것이 많았다. 돛대도 없고, 삿대도 없고, 화장실도 없고, 환기시설도 없었다. 그러나 노아의 방주 안에는 다른 고귀한 가치들이 있었다. 여호와 경외, 피조물들의 구원, 가족 간의 신뢰, 그리고 하나님의 인도하심이다. 노아의 방주는 이 모든 것을 태우고 가는 인류의 마지막 구원선이었다.

이 시대의 노아들

하나님은 이 시대에 노아와 같은 종을 찾으신다. 누가 노아처럼 설 것인가?

내 생각보다 주인의 생각을 더 중요하게 생각하는 종, 하나님을 경외함으로 방주를 제작하는 종, 창문을 통해 현실을 보는 것이 아니라 하늘을 보며 하나님과 눈맞춤 하는 종, 방주 안에서 1년 넘게 항해하면서도 하나님의 때를 기다릴 줄 아는 종, 그리고 무엇보다도 가족 모두로부터 존경 받고 신뢰 받는 그런 종.

목회를 하면 어떤 사람을 일꾼으로 세워 사역을 나눌까 끊임없이 고민하게 된다. 경험상 훌륭한 일꾼들은 가족에게도 신뢰받는 사람들이었다. 가정 안에서 자기 자리를 지키는 사람이 교회에서도 충성스럽게 자기 자리를 지키는 것을 보았다.

> (하나님의 종들은) 책망할 것이 없으며 한 아내의 남편이 되며 절제하며 신중하며 단정하며 나그네를 대접하며 가르치기를 잘하며 술을 즐기지 아니하며 구타하지 아니하며 오직 관용하며 다투지 아니하며 돈을 사랑하지 아니하며 자기 집을 잘 다스려 자녀들로 모든 공손함으로 복종하게 하는 자라야 할지며 (사람이 자기 집을 다스릴 줄 알지 못하면 어찌 하나님의 교회를 돌보리요) 새로 입교한 자도 말지니 교만하여져서 마귀를 정죄하는 그 정죄에 빠질까 함이요 또한 외인에게서도 선한 증거를 얻은 자라야 할지니 비방과 마귀의 올무에

이것이 초대교회가 가지고 있던 열네 가지 일꾼의 자격이다. 우리는 이 기준을 통해서 초대교회가 일꾼을 선발할 때 가정생활을 신중히 살폈다는 것을 알 수 있다. 이렇게 본다면 하나님의 종들에게 그 어느 곳보다 중요한 선교지는 가정이다. 멀리 가서 이방 사람을 구원하지 못해도 가까이에 있는 가족만이라도 구원할 수 있다면 훌륭한 종이다.

내가 아는 어떤 목사님은 당신 교회 장로님을 공천할 때 꼭 그 분 자녀들의 의견을 묻고 중요하게 반영한다고 하셨다. 일리가 있는 필터링이라고 생각한다.

어떤 권사님으로부터 들은 이야기다. 전도 대상자에게 교회 나오라고 이야기를 했더니 그 분이 하시는 말씀이 그 교회에 아무개가 장로님이 아니시냐고 하더란다. 그렇다고 했더니 가정 하나도 제대로 지키지 못하는 그런 사람이 어떻게 교회 장로냐고 하더란다. 그러면서 자기 생각에는 권사님이 그 교회를 나오시는 것이 맞다고 하셨다는 것이다. 말문이 막힌 권사님은 발걸음을 돌릴 수밖에 없었다.

얼마 전에 신문을 보니 요즘 조기유학에 적합한 장소로 말레이시아의 '암팡구'라는 지역이 거론된다고 한다. 이곳은 영어권일 뿐더러 모슬렘 지역이라 기러기 아빠들이 안심하고 아내와 아이들을 보낼 수 있다는 것이다. 이슬람교 사람들은 가정에 엄격한 사람들이니까 내 가족을 보내기에 믿을 만하다는 것이다.

만일 이런 생각으로 자녀를 이 지역으로 보낸 기독교인이 있다면 심각하게 회개할 일이다. 사정이 이러하다면 어떻게 우리가 말레이시아에 선교사를 보낼 수 있겠는가. 차라리 가정에 충실한 이슬람 선교사를 초청해 한수 배우는 것이 성경적일 것이다.

가정을 잘 다스리는 자가 교회도 잘 돌본다. 이 말씀은 옳다. 교회를 다스리려면 먼저 가정을 잘 돌보아야 한다.

하나님은 세상을 정죄하고 싶으셨다. 너희가 잘못되었다고 외치고 싶으셨다.

"보아라! 내 백성은 이런 사람들이다!"

노아네 가정은 하나님의 의도를 완전히 보여 준 가정이었다. 세상을 향한 하나님의 외침이 된 가정이었다.

> 노아가 그와 같이 하여 하나님이 자기에게 명하신 대로 다 준행하였더라 _창 6:22

노아는 하나님이 말씀하신 것을 다 지켰다. 하나도 지키지 않은 것이 없었다. 이런 사람의 가정을 하나님이 지켜주셨다. 노아네 가족은 마른 땅을 밟고 탔다가 마른 땅을 밟고 내렸다. 어마어마한 물들이 하늘에서 쏟아져 내리고 땅에서 터져 나왔지만 몸에

물 한 방울 묻히지 않았다.

무너진 가정을 다시 세울 소망

가정은 세상을 쓸어버리시기로 하신 하나님이 미워도 다시 한 번 일말의 여망을 두신 최소한의 단위다. 소돔과 고모라의 최후의 날, 아브라함은 조카 롯의 가정만큼은 하나님을 잘 섬기고 있을 것이라고 생각했다. 롯 주변에 최소한 열 명의 의인은 있을 줄 알았다. 그런데 아니었다. 롯의 가정조차도 아내는 뒤를 돌아보아 소금기둥이 되었고, 롯의 사위들은 장인의 말을 농담으로 여겼다. 뒤에 일어난 일이지만 롯의 딸들은 아버지에게 술을 먹이고 동침하여 아들인지 손주인지 모를 모압과 암몬을 낳았다. 한마디로 콩가루 집안이었다. 소돔과 고모라에 하나님이 기뻐하시는 가정이 단 하나도 없었다는 것은 의미심장한 경고다.

하나님의 종들은 우선 가정을 건강하게 지키는 사람들이다. 욥기의 마지막 장면에서 하나님은 욥의 가정을 회복시키신다. 욥의 믿음을 시험코자 사탄은 욥의 가정을 무너뜨렸다. 자녀들을 죽게 하고 아내가 떠나가게 했다. 그런데 마지막에 하나님이 그의 가정을 회복시켜 주신다. 어떻게 이런 일이 가능한지 모르겠다. 그러나 하나님만이 하실 수 있는 일이라고 믿는다.

사탄이 헤쳐놓은 가정을 하나님이 원상복구시키셨다. 병 주고 약 주냐는 식으로 본다면 납득할 수 없을 이야기다. 그러나 가정이 그만큼 소중하기에 하나님이 다시 돌려 놓으셨다. 아내를 돌아오게 하셨고, 이전과 같이 열 명의 자녀를 허락하셨다.

나는 이 대목에서 하나님의 마음을 다시 묵상하게 된다. 무너진 가정의 소망도 여기에 있다. 어떤 이유에서든 욥에게 가정이 있어야 하기에, 그것이 하나님의 마음이시기에 다시 가정을 돌려 놓으셨다. 노아에게 허락하신 것처럼, 나는 이것이 세상을 정죄하고 믿음을 따르는 의의 상속자들이 받는 복의 일환이라고 믿는다. 가정은 소중하다. 하나님의 종은 가정에서 검증된다.

10

기도가 목숨보다 소중하다

누군가를 추천한다는 것은 조심스러운 일이다. 그것이 나의 사람 보는 안목을 드러내기도 하기 때문이다. 사람 추천 잘못했다가 원망과 비난을 들은 적이 한두 번쯤 있을 것이다. 그럼에도 불구하고 내 명예를 걸고 추천할 수 있는 사람이 있다는 것은 귀한 일이다.

> 비록 노아, 다니엘, 욥, 이 세 사람이 거기에 있을지라도 그들은 자기의 공의로 자기의 생명만 건지리라 나 주 여호와의 말이니라
>
> _겔 14:14

에스겔 선지자가 하나님의 마음을 전하면서 다니엘을 언급했다. 하나님이 기억하시는 종 가운데 다니엘이 있다는 것이다. 에

스겔이 다니엘을 꼽았다는 것이 생각할수록 놀랍다. 다니엘은 에스겔과 동시대 사람이다. 에스겔서 기록 당시 다니엘은 실존 인물이었을 것이다. 실존 인물이란 아직 변질될 가능성이 있는 사람이다. 게다가 다니엘은 평신도요 정치인이다. 정치인처럼 믿지 못할 사람이 또 없다.

제사장 출신인 에스겔이 죽은 사람이 아닌 실존 인물을, 평신도를, 정치인을 노아와 욥의 수준에 달한 신앙인으로 추천하다니! 그렇다면 이것은 에스겔이 대단한 것이 아니라 다니엘이 대단한 거다. 실로 다니엘은 순전한 하나님의 종이었다.

포로에서 총리가 된 사람

다니엘은 주전 6세기 인물이다. 남유다 귀족 출신인 그는 흠이 없고 아름답고 학문과 재주가 뛰어난 사람이었다. 십대 중반쯤 되는 나이에 바벨론 포로로 끌려와 느부갓네살 왕 때부터 메대의 다리오 왕과 페르시아 제국의 고레스 왕 때까지 국가의 관직을 두루 거친 사람이다. 정권이 세 번 바뀌고 왕이 여덟 번 바뀌는 격변의 시기에도 끝까지 남아 메대 왕국의 3대 총리 중에 가장 뛰어난 총리가 되었던 인물이다. 우리나라 장관의 재임기간이 평균 1년 6개월이 채 되지 않는다는 점을 생각한다면, 그의 공직기간은 경이롭기까지 하다. 다니엘 6장 28절을 보면 "이 다니엘이 다리오 왕의 시대와 바사 사람 고레스 왕의 시대에 형통하였더라”라고 했다. 하나님은 다니엘을 형통하게 하셨다. 그가 하나님 마음을 기쁘게 하는 종이었기 때문이다.

우리는 다니엘서의 가장 유명한 구절을 알고 있다.

> 다니엘이 이 조서에 왕의 도장이 찍힌 것을 알고도 자기 집에 돌아가서는 윗방에 올라가 예루살렘으로 향한 창문을 열고 전에 하던 대로 하루 세 번씩 무릎을 꿇고 기도하며 그의 하나님께 감사하였더라 _단 6:10

이 구절은 다니엘이 어떤 사람이었는가를 단적으로 보여 준다. 다니엘은 기도가 목숨보다 소중했던 사람이다. 당시 상황은 왕 이외의 어떤 신에게나 사람에게 무엇을 구하면 사자굴에 던져 넣기로 한 때였다.

탈탈 털어도 먼지 하나 안 나는 사람

다리오 왕은 전국을 120도로 나누고 방백을 두어 통치하게 했다. 그리고 방백 위에는 총리 셋을 두었다고 했다. 다니엘은 세 명의 총리 가운데 한 사람이었고, 셋 중에서 가장 뛰어났다. 실상 다니엘은 메대 제국의 왕 다음가는 인물이었다. 망하고 없어진 나라에서 포로로 잡혀온 소년이 이런 지위에까지 올랐으니 본토 출신 정치인들이 밉게 본 것은 당연했다. 그들은 어떻게 해서든지 다니엘을 끌어내리려고 갖은 방법을 다 시도했다.

> 이에 총리들과 고관들이 국사에 대하여 다니엘을 고발할 근거를 찾고자 했으나 아무 근거, 아무 허물도 찾지 못했으니 이는 그가 충성되어 아무 그릇됨도 없고 아무 허물도 없음이었더라 _단 6:4

저들은 제일 먼저 다니엘의 신상을 털었다. 고발할 근거를 찾기 위해서였다. 그런데 다니엘은 털었는데도 먼지 하나 안 나온 사람이었다. 그래서 생각해 낸 방법이 바로 30일 동안 왕 이외의 다른 어떤 신에게나 사람에게 무엇을 구하면 사자굴에 던져 넣기로 한 것이었다. 이것을 모의한 사람들은 총리와 지사와 총독과 법관과 관원이라 했다. 실로 다니엘 한 사람을 쓰러뜨리기 위하여 한 나라의 정치력이 총동원된 것이다.

> 그들이 이르되 이 다니엘은 그 하나님의 율법에서 근거를 찾지 못하면 그를 고발할 수 없으리라 하고 _단 6:5

저들은 비겁했으나 다니엘을 바로 본 구석이 있다. 다니엘은 그들이 생각한 바로 그런 사람이었다. 율법에서 근거를 찾지 못하면 고발할 수 없는 사람이었다. 다니엘을 고발하려면 애초부터 이 방법을 써야 했다. 십계명 중 제1계명을 어기도록 덫을 놓으면 쉽게 걸려들 사람이었다.

저들은 조서를 만들고 다리오 왕의 어인을 찍어 법으로 반포했다. 대적들은 다니엘이 기도할 수 없는 환경을 만들었다. 어제까지는 기도해도 괜찮았다. 그런데 오늘은 다르다. 오늘은 기도하면 죽는다. 앞으로 30일 동안 그렇다. 그런데 다니엘은 이런 상황에서 기도한다. 기도하는 그의 모습이 참으로 아름답다.

언제나 기도의 창문을 열었던 다니엘

그는 기도할 수 없는 상황에서 기도한다. 기도하면 죽는데도 기도한다. 그는 기도가 위협받는 환경에서도 기도한 사람이다. 그의 집에는 창문 달린 윗방, 기도방이 있었다. 집에 하나님을 위한 공간이 있었다는 말이다. 그는 그곳에서 습관이 된 기도를 드리고 있다. 그의 기도 습관은 '집에서 윗방에 올라가 예루살렘으로 향한 창문을 열고 하루 세 번씩 무릎을 꿇고 기도하는 것'이었다. 습관이 되었다는 것은 타성에 젖었다는 말이 아니다. 일상에서 빼먹을 수 없는 중요한 업무가 되었다는 말이다.

그는 창문을 열고 기도했다. 자신이 기도한다는 것을 숨기지 않았다. 이것은 바리새인들의 외식하는 기도와 다르다. 예루살렘에서 그렇게 하면 존경을 받겠지만 여기서 이러면 위험해진다.

다니엘은 무릎을 꿇고 기도했다. 무릎을 꿇는 것은 종의 자세다. 도망갈 수 없는 자세이며, 무릎을 꿇게 하시는 이가 무슨 말씀을 하시든지 수용하겠다는 자세다.

그는 하루 세 번 기도했다. 약을 처방할 때 약사들이 하는 말이 있다. "하루 세 번, 식후 30분 이내에 복용하세요." 대부분의 약이 하루 세 번 식후에 복용하도록 되어 있다. 왜 이렇게 하는가? 그것은 병균을 제어하는 약물 농도를 최적화시키기 위해서다. 약은 정해진 시간에 먹어야 한다.

그런데 약이라는 것은 배가 고플 때처럼 위가 신호를 보내는 것이 아니다. 그래서 환자가 의식적으로 챙겨 먹어야 한다. 우리 성도 가운데 어떤 분은 요일이 표시된 약통을 가지고 다니며 복용한다. 그것이 없으면 큰 일이 날듯 불안해 한다.

나는 하루 세 번 기도하는 것이 이와 비슷하다고 생각한다. 우리가 하루에 세 번, 기도를 복용한다고 가정해 보자. 아침에 교회에서 새벽기도를 드리고, 점심 때 직장에서 시간을 정해 기도한다. 그리고 저녁 때 집에서 기도를 한다. 하루 24시간의 십일조 2시간 24분을 하루 세 번 기도 시간에 할애한다면 어떤 일이 일어나게 될까. 아마도 약을 복용했을 때와 같은 결과가 나올 것이다. 우리 안에 침투한 악한 바이러스들이 완벽하게 통제될 것이다. 말씀이 하루 종일 머리를 떠나지 않을 것이고, 입술에는 찬송이 흥얼거려질 것이다. 성령충만한 상태가 항상 유지될 것이다. 하루 세 번 기도하는 것은 강제규정은 아니지만 많은 신실한 성도들이 이 방법을 따라 기도했다.

다니엘은 대적들이 지켜보는 앞에서도 창문을 열고 전에 하던 대로 기도했다. 그에게 하나님은 그런 분이셨다. 그에게 기도는 그런 것이었다. 다니엘에게는 사자굴에 던져 넣을 수 있는 다리오 왕이 두려운 것이 아니라 사자의 입을 다물게 하실 수 있는 하나님이 더 두려운 분이었다.

다니엘이 목숨을 구하고자 정치인으로서 '입장의 조율'이라느니, '상생의 길 모색'이라느니 하면서 한걸음 물러섰다면 그는 하나님의 종이 되지 못했을 것이다.

가장 강하신 분께 연결되는 시간

성도에게 있어서 기도란 무엇인가? 기도는 우리의 죄를 고백하고 하나님의 자비에 감사를 드림과 아울러, 하나님의 뜻에 맞는 것을 얻기 위해 우리의 소원을 예수 그리스도의 이름으로 하나님께 구하는 것이다. 기도란, 우리가 가장 무력해 있을 때 가장 강해질 수 있는 방법이다. 왜냐하면 가장 강하신 하나님께 연결되는 시간이기 때문이다.

"사탄은 우리의 수고를 비웃고 조롱하지만 우리가 기도할 때에 벌벌 떤다."

"기도한 후에는 기도하는 것보다 더 큰 일을 할 수 있지만 기도하기 전까지는 기도하는 것보다 더 큰 일을 결코 할 수 없다."

우리 모두가 이런 말을 진심으로 믿게 된다면 얼마나 좋을까!

내게는 지금은 돌아가셨지만 평생 목회를 하신 큰아버지가 계셨다. 언젠가 내게 이런 말씀을 들려주셨다. 목회 초년병 시절 성도들은 큰아버지를 신뢰하지 못했다고 한다. 그래서 병자 심방이나 안수기도가 필요할 때도 큰아버지에게 오지 않고 교회 장로님께 부탁했다고 한다. 담임전도사 체면이 말이 아니었다. 모욕적이기도 하고 자괴감도 들었기에 큰아버지는 일주일을 작정하고 철원의 어느 기도원에 가셨다.

한탄강변 바위 위에 앉아 "인애하신 구세주여 내 말 들으사" 찬송하며 밤새도록 눈물로 기도하셨다고 한다. 그리고 교회로 돌아왔는데, 어느 날 새벽에 사택을 두드리는 소리에 놀라 잠에서 깨셨다. 젊은 새댁이 아이를 안고 급한 마음에 안수기도를 받으러 온 것이었다. 아기의 입술은 새파랬고 배는 남산처럼 퉁퉁 불러 있었다. 큰아버지는 아기를 받아 안으시고 하나님께 기도하셨다고 한다. 큰아버지의 기도는 짧았다. 그리고 비장했다.

"아버지 하나님! 지금 이 시간 당신의 능력을 보여 주소서. 이 아이를 고쳐주소서. 주께서 이 아이를 고쳐주지 않으시면 저는 목회를 그만 둘 것입니다!"

그런데 기도가 채 끝나기도 전에 아기가 방구를 붕붕 뀌기 시작했다. 그러면서 남산만하게 불렀던 배가 차츰차츰 가라앉기 시작했다. 아기의 얼굴에 혈색이 돌았다. 아기는 엄마의 젖을 먹고 잠이 들었다. 잠깐 사이에 일어난 일이라고 한다. 큰아버지는 하나님 앞에 무릎을 꿇고 감사기도를 드리셨다.

이 일이 알려지면서 교회의 질서가 잡히기 시작했고, 목회가 순탄하게 풀렸다고 한다. 하나님은 큰아버지에게 신유의 은사를 주셨고, 귀신 들린 사람이나 병자의 머리에 손을 얹고 기도하면 나음을 입는 역사가 많았다고 하셨다. 목회 초창기의 이런 경험은 큰아버지의 목회 여정 중에 확신으로 자리했다. 하나님은 살아 계시며 내 기도를 들으신다는 확신! 이것은 참으로 든든한 체험이었다.

아버지는 종종 "설교 잘 하는 목사들은 많다. 그러나 기도 많이 하는 목사는 많지 않다"라고 말씀하신다. 그리고 내게 기도 많이 하는 목사가 되라며 들려주시는 이야기가 있다. 아버지는 고등학교 2학년 때 부흥회에서 은혜를 받으셨다. 기도를 해야겠다는 생각이 들어 기도를 시작했는데, 눈을 떠보니 이틀이 지나 있더라고 하셨다. 본인도 깜짝 놀랐지만, 아버지께는 그 시간이 아주 잠깐처럼 느껴졌다고 하셨다.

나는 아버지께 이틀 동안 그 느낌이 어떠셨냐고 여쭤보았다. 지극히 슬픈 마음이었다고 하셨다. 나는 아버지도 대단하지만 할머니, 할아버지는 더 대단하다고 생각한다. 두 분은 찬 교회 마루바닥에 앉아 밥도 먹지 않고 이틀 동안 같은 자리에서 기도하는 아들을 그냥 두고 보신 분들이었다. 기도의 깊은 경지를 아셨기에 걱정하지 않으셨을 것이다. '하나님이 우리 둘째 아들을 깊이 만나주시는구나' 하며 감사하셨을 것이다.

기도란 기도할 수 없을 때 하는 것이다

우리는 매일같이 삶의 거친 도전 앞에 선다. 어떤 때는 우리 스스로 너무나 무력함을 느낀다. 내 한몸 추스르기가 버겁게 느껴지는 순간도 있다. 태산 같은 문제를 만나거나 고통스런 시험에 빠지게 되는 때가 있다. 피하고 싶지만 피할 수 없는 고독한 문제도 있고, 누구와도 나눌 수 없고 나 혼자 짊어져야 하는 외로운 문제도 있다. 이런 것들이 우리가 지고 가는 '수고하고 무거운 짐'이다.

그러나 우리에게 다가오는 진짜 거친 도전은 이런 기도제목이 아니라 기도하지 못하게 하는 환경이다. 기도하면 되는데 기도하지 못하게 하는 것이다. 사탄은 이런저런 방법을 동원해 어떤 식으로든 기도가 머리에서 무릎으로 내려가지 못하도록 방해한다. 그러나 우리 믿음의 조상들은 기도할 수 없는 환경 중에서 더욱 더 기도하며 나아갔다.

다니엘을 모함한 대적들은 기도를 편협하게 이해했다. 저들은 기도를 어떤 신에게나 사람에게 무엇을 구하는 것 정도로 이해했다. 저들의 신은 30일 동안 기도하지 않아도 되는 그런 신이었기 때문이다. 저들의 신은 왕보다 중요하지 않았다. 사람 하나 걸려들게 하기 위해서 얼마든지 포기될 수 있는 신이었다. 저들에게는 기도가 생명이 아니었고, 호흡이 아니었다. 기도를 보는 관점이 다니엘과 처음부터 달랐다.

다니엘은 자신을 죽음으로 처리하고 살던 신앙인이었다. 그는 하나님이 지켜주시지 않으면 한순간도 살 수 없는 사람처럼 살았다. 다니엘은 사자굴 입구를 돌문으로 막을 수 있는 왕을 두려워하지 않았다. 그보다 사자굴 속에서 사자의 입을 막으시는 왕을 두려워했다.

다니엘이 창문을 여는 순간 대적들은 걸려들었다고 환호성을 질렀을 것이다. 그러나 저들이 보지 못한 것이 있다. 그 순간 환호성을 지른 건 그들 뿐만이 아니다. 천국에서 지켜보던 수많은 천군천사도 환호성을 질렀을 것이다. 창문을 열지 못하게 하는 순간에 창문을 열고 기도하면 하나님이 책임져 주시는 삶으로 들어가게 된다.

목숨을 건 신앙 인생

다니엘은 그의 인생에서 여러 번 자신의 목숨을 걸었다. 공식적으로만 이번이 세 번째다. 첫 번째는 포로로 잡혀온 꼬마 주제에 몸을 더럽히지 않겠다고 바벨론 왕궁에서 제공하는 산해진미를 열흘 동안 거부했을 때다.

> 청하오니 당신의 종들을 열흘 동안 시험하여 채식을 주어 먹게 하고 물을 주어 마시게 한 후에 당신 앞에서 우리의 얼굴과 왕의 음식을 먹는 소년들의 얼굴을 비교하여 보아서 당신이 보는 대로 종들에게 행하소서 _단 1:12-13

다니엘이 죽어야 했다면 이때 벌써 죽었을 것이다.

두 번째는 느부갓네살 왕이 자기가 꾼 꿈을 맞혀보라고 명했을 때다. 꿈 해몽이라는 것도 꿈을 들어야 가능한 것인데 느부갓네살은 꿈을 말해 주지도 않고 자기가 꾼 꿈을 맞춰보라고 했다. 이런 억지스런 주장을 하며 자기가 꾼 꿈을 맞추지 못하는 제국 내의 모든 박수와 술객과 점쟁이와 갈대아 술사들을 차례로 죽였다. 그때 다니엘도 불려 나갔다. 다니엘이 죽어야 했다면 이때 벌써 죽었을 것이다.

갈대아 술사들은 죽어가면서 이렇게 말했다.

> 왕께서 물으신 것은 어려운 일이라 육체와 함께 살지 아니하는 신들 외에는 왕 앞에 그것을 보일 자가 없나이다 _단 2:11

그런데 다니엘은 그 관문을 통과한다. '육체와 함께 살지 아니하는' 하나님이 다니엘에게 그것을 보이셨기 때문이다. 하나님은 다니엘이 기도했을 때 느부갓네살이 꾼 꿈을 생생하게 보여 주셨다. 그리고 다니엘은 자신 있게 왕에게 고했다.

> 오직 은밀한 것을 나타내실 이는 하늘에 계신 하나님이시라 그가 느부갓네살 왕에게 후일에 될 일을 알게 하셨나이다 왕의 꿈 곧 왕이 침상에서 머리 속으로 받은 환상은 이러하니이다 _단 2:28

정말이지 닮고 싶은 경지다. 지구상의 모든 하나님의 종들이 이런 경지의 영력을 담지할 수 있다면 얼마나 좋겠는가.

그리고 세 번째, 다니엘은 오늘 사자굴의 위협 앞에 섰다. 다니엘은 전혀 주저하지 않았을 것이다. 이전에 하던 대로 창문을 열면서 이전에 하던 대로 믿음을 발휘했을 것이다. 다니엘은 창문을 열면서 이전에 없던 용기를 발휘한 것이 아니다. 기도의 자리에서 획득된 하나님 체험이 오늘 이런 행동을 하게 했을 뿐이다. 전에 없었던 용기가 발휘된 것이 아니라, 전에 있었던 체험이 발휘된 것이다. 살아서 죽음을 피하는 길이 아니라 죽어도 사는 길을 가는 믿음이 그의 저변에 흐르고 있었다.

다니엘에게 있어서 진짜 사자굴은 창문을 열지 못하고 주저앉아 있었을 윗방이다. 그건 살았으나 죽은 모습이다. 참으로 멋진 하나님의 종이다. 십대 때 기도했던 다니엘과 팔십대 때 다니엘의 기도 모습이 전혀 다르지 않다. 유진소 목사님(호산나교회)의 표현을 빌리자면, 이런 다니엘 같은 사람들 때문에 사탄이 우울증에 걸렸다고 한다. 유 목사님은 이런 사탄의 내적치유는 누가 할 거냐며 웃으셨다.

성도가 무릎 꿇을 때 사탄은 당황하기 시작한다. 그리고 집요하게 공격한다. 사탄은 영적으로 죽은 자를 공격하지 않는다. 사탄이 바빠지기 시작하는 때는 성도들이 기도할 때다. 기도의 자리를 막지 못하면 끝나는 게임이다. 그래서 하나님과의 병참선을 끊도록 갖은 훼방을 한다. 어떤 때는 핍박으로, 어떤 때는 세상 유혹으로, 어떤 때는 세상적으로 승승장구하고 잘나가고 바빠지게 만들어서 어떻게 하든 하나님으로부터 우리를 멀어지게 만든다.

나의 기도 자리를 점검하라

그래서 가장 격렬한 전쟁터는 기도 자리다. 우리는 우리의 기도 자리를 점검해 보아야 한다. 기도의 자리가 무너져 있으면 그건 내가 피 흘려 쓰러져 있다는 증거다. 핍박 받는다고, 위험해졌다고 하나님을 떠나면 정말이지 더 큰 핍박과 위험에 빠지게 된다.

기도해야 한다는 것을 안다는 것이 기도하는 것은 아니다. 착각하지 말자. 기도하는 사람이란 기도를 생각하는 사람이 아니라 시간을 정해 기도하는 사람이다.

오늘날 우리에게 부족한 것이 있다면 능력이 아니라 기도다. 똑똑한 성도들은 많다. 능력 있는 성도들도 많다. 그러나 기도하는 종들은 많지 않다. 주의 종들에게 중요한 것은 설교보다 기도라고 말하지만, 정작 목회자를 청빙할 때는 설교를 들어보고 결정하는 세상이다.

무릎으로 내려가야 할 기도가 점점 머리로 올라오고 있음에 하나님이 탄식하신다. 하나님의 종 다니엘을 보면서 기도의 자리에서 멀어진 우리의 모습을 보게 된다. 기도에 목숨을 건 다니엘과 같은 종들이 세워지는 자리가 성령의 바람이 불어오는 자리일 것이다.

하나님을 욕하고 죽지 않는다

신촌 세브란스 원목실의 김복남 전도사님이 쓰신 글을 읽었다. 이분은 병원 안에서 기막힌 환자들을 많이 만나시는데, 그중에 팔이 절단된 한 환자와 이야기를 나눈 적이 있으셨다. 그 환자는 청소하는 분이 자기 앞을 지나가자 부러운 눈으로 그를 바라보았다고 한다. 그리고 탄식하며 말하기를 "나도 팔이 있다면 평생 저 일을 하고 살라고 해도 좋을 텐데…" 하더란다.

두 다리 없는 환자들이 의족을 끼고 일어나 걷기 위해 하는 재활 훈련은 아주 힘들다고 한다. 어떤 어린아이가 교통사고로 두 다리를 잃었다. 의족 재활 훈련을 받다가 너무 힘들어 엄마에게 힘들다고 소리지르며 울었다. 그러자 엄마가 불같이 화를 내면서 "이 놈아, 이거 힘들다고 여기서 주저 앉으면 너는 평생 앉은뱅이로 살아야 해! 일어나, 걸어! 너 이담에 엄마 죽고 나면 어떻게 할거야?"

하더란다. 그러면서 "전도사님, 내 다리를 떼어다가 저 아이에게 붙여줄 수는 없는 건가요"라며 주저앉아 대성통곡을 하더란다.

누구에겐 평범한 일이 누군가에겐 기도제목이다

어떤 의사 선생님은 40대 후반에 당뇨 합병증으로 엉덩이 깊숙한 곳까지 다리를 잘라내었다. 의족도 낄 수 없는 상태가 되어 평생 일어날 수 없는 처지가 되셨다. 그분이 하는 말이 내 전재산을 들여서라도 다시 한 번 일어설 수 있다면 좋겠다고 하더란다.

소변을 제대로 보지 못하는 환자는 손목이 저리도록 아랫배를 치면서 소변을 쥐어짜는 방광 훈련을 한다. 항문에 문제가 생겨서 대변이 제대로 배출되지 못하는 환자도 많다. 그들은 손가락을 아래로 넣어서 대변을 긁어낸다. 이들에게 어느 날 힘주지 않았는데 쾌변을 보는 일이 일어났다면 어떻게 될까? 감사기도의 제목이 될 것이다.

연세대학교 입시가 있던 날이었다. 창밖을 바라보던 어떤 사십대 중반의 불임여성은 의학의 힘을 빌어 어떻게든 아이를 낳아보려고 애쓰는 중이었다. 그녀가 이렇게 말했다.

"제 친구 딸이 오늘 이 학교 시험친대요. 저는 장애아라도 좋으니 임신이라도 되어봤으면 좋겠어요."

15년 동안 몸이 뇌성마비로 뒤틀린 채로 사는 아들을 돌보며 살아가는 싱글맘이 와서 묻더란다. "요즘 들어 아들이 잠을 통 못 자요. 사람들 말이 술을 먹이면 잠을 잘 잘 수 있다고 하던데 제가 뇌성마비 아이에게 술을 먹여야 하나요?" 하는데 할 말이 없더란다.

어느 찬송가의 가사처럼 무섭게 바람 부는 밤 물결이 높이 설렐 때, 세상에 믿던 모든 것 끊어질 그날이 되었을 때 우리가 굳건한 반석 위에 서는 것은 쉬운 일이 아니다. 구주의 언약을 믿고 소망을 더욱 크게 갖는다는 것은 어려운 일이다.

하나님 믿고 벌 받은 사람

욥은 미처 마음의 준비도 하지 못한 채, 어느 날 갑자기 정신을 잃게 만들 만큼 고통스러운 일을 세 번 연속으로 당한다.

우선 스바 사람, 갈대아 사람이 와서 욥의 종들을 모두 죽이고 재물을 노략해 갔다. 그에게 있었던 많은 재물이 한순간에 날아갔다. 두 번째, 욥의 맏아들 집에서 자녀들이 잔치를 하던 중에 들에서 불어온 큰 바람에 장막이 무너져 자녀들 열 명이 한자리에서 죽는 참사가 일어난다. 한 명의 자녀를 먼저 보내는 것도 지독한 아픔인데 욥은 열 명의 자녀를 한꺼번에 잃었다. 세 번째, 욥 자신마저 발바닥에서 정수리까지 종기가 나는 병을 얻게 된다. 욥이 재 가운데 앉아서 질그릇 조각을 가져다가 몸을 긁었다고 했다.

욥은 하나님 믿고 벌 받은 사람이다. 그는 진실로 하나님을 경외했던 사람이다. 이해할 수 없는 시련이었기에 갑절로 고통스런 시간이 되었을 것이다. 그리고 또 하나, 이 사건들에 더해 욥이 겪어야 했던 네 번째 고통이 있었다. 그것은 믿었던 친구들이 던진 독한 말들이었다.

생각하여 보라 죄 없이 망한 자가 누구인가 정직한 자의 끊어짐이 어디 있는가 … 나라면 하나님을 찾겠고 내 일을 하나님께 의탁하리라 … 하나님은 아프게 하시다가 싸매시며 상하게 하시다가 그의 손으로 고치시나니 여섯 가지 환난에서 너를 구원하시며 일곱 가지 환난이라도 그 재앙이 네게 미치지 않게 하시며 _욥 4:7; 5:8,18-19

엘리바스가 말하는 것은 욥에게 죄가 있었기 때문에 이런 벌을 받았다는 것이다. 이것은 전형적인 인과응보, 상선벌악의 논리다.

하나님이 어찌 정의를 굽게 하시겠으며 전능하신 이가 어찌 공의를 굽게 하시겠는가 네 자녀들이 주께 죄를 지었으므로 주께서 그들을 그 죄에 버려두셨나니 네가 만일 하나님을 찾으며 전능하신 이에게 간구하고 또 청결하고 정직하면 반드시 너를 돌보시고 네 의로운 처소를 평안하게 하실 것이라 네 시작은 미약하였으나 네 나중은 심히 창대하리라 _욥 8:3-7

빌닷의 말은 한마디로 네 자녀들은 죄가 있어서 죽었다는 것이다. "그나마 너는 아직 살아 있으니 네게는 아직 회개의 기회가 남아 있다. 그러니 너도 죽기 전에 회개하고 목숨을 보전하라"는 말이다.

> 네 말에 의하면 내 도는 정결하고 나는 주께서 보시기에 깨끗하다 하는구나 하나님은 말씀을 내시며 너를 향하여 입을 여시고 지혜의 오묘함으로 네게 보이시기를 원하노니 이는 그의 지식이 광대하심이라 하나님께서 너로 하여금 너의 죄를 잊게 하여 주셨음을 알라 _욥 11:4-6

소발의 말이 제일 과격하다. 이 말은 '더 크게 받았어야 할 벌을 그나마 이 정도로 작게 받은 것에 대해 감사하라'라는 것이다. 만일 우리가 욥과 같은 고통을 당했는데 믿음이 있다는 친구들이 와서 이런 말을 한다면 "고맙다, 친구야. 신실한 충고 가슴에 잘 새길게"라고 할 수 있을까? 때리는 시어머니보다 말리는 시누이가 더 미운 법이다. 욥은 친구들을 향해 "너희들은 모두 돌팔이 의사요 내 상처에 소금을 뿌리는 자들"이라고 맞섰다. "너희가 내 살을 먹고도 부족하냐며 울부짖었다. 독해지는 친구들에 맞서며 욥도 점점 독해져 갔다. 중간에 하나님이 개입하지 않으셨다면 욥과 친구들의 관계는 절교로 끝났을 것이다.

그리고 욥이 당한 다섯 번째 고통이 있었다. 그것은 가장 가까운 사람, 아내로부터 들었던 말이다.

> 당신이 그래도 자기의 온전함을 굳게 지키느냐 하나님을 욕하고 죽으라 _욥 2:9

남편의 믿음을 누구보다 잘 알았고, 또 그동안 잘 따라와 주었을 아내다. 그녀는 욥보다 먼저 심중에 온전함을 버렸고 하나님을 욕하고 죽었던 여인이다. 그녀가 오죽했으면 이런 말을 했을까 싶다. 자신과 똑같은 크기의 고통을 겪고 있는 아내이기에 그 누구의 말보다 욥의 마음을 후벼 팠을 것이다.

그러나 욥을 보면서 그가 훌륭하다고 생각되는 것은 그의 아내의 말대로 하지 않았다는 점이다. 얼마든지 하나님을 욕하고 죽을 수 있는 환경이 조성되었다. 욥은 그럴 수 있었다. 그럴 만했다. 대부분의 사람들이 이런 일을 당하면 그렇게 할 것이다.

불같은 시험을 당해 보면 믿음의 깜냥이 드러난다. 욥은 얼마든지 하나님을 욕하고 죽을 만한 상황에서 다르게 행동한다. 그는 하나님을 욕하고 죽지 않는다. 아내의 말과 반대로 행동한다. 오히려 그는 하나님을 붙들고 치열하게 고민한다. 그가 비록 절망과 분노, 영적 침체의 원인을 하나님께 돌리며 거칠고 불경한 방식으로 표현하기는 하지만, 그렇다고 그것이 하나님을 포기하는 불신의 표현은 아니었다. 그는 하나님 안에서 탄식하고, 하나님 안에서 절망한다. 또한 하나님 안에서 희망한다. 욥은 "나는 지금까지 하나님을 잘못 믿었다"라고 말하지 않는다. 오히려 그는 "나는 벌을 받더라도 하나님을 믿겠다"라는 자세를 취한다. 그의 태도는 '믿음의 순전을 그래도 여전히 굳게 지키는 것'이 된 셈이다.

어디까지 좇을 것인가

생각해 보면 우리의 신앙은 너무나 가벼운 경향이 있다. 하나님께 쉽게 왔다가 쉽게 떠난다. 좋을 때는 다가왔다가 조금만 어려운 일을 만나면 금방 포기하고 돌아선다. 그러나 욥은 그렇게 하지 않는다. 그는 하나님께 당돌하게 질문한다.

"제가 주님 앞에서 무엇을 잘못했습니까? 잘못한 것이 있다면 말씀 좀 해 보십시오."

주인 앞에서 꿀릴 게 없는 삶을 산 종들은 주인의 이해할 수 없는 처사에 불평도 찰지게 하는 법이다. 욥은 지금까지 자기가 알았던 주인이 하루아침에 낯빛을 바꾸신 처사를 이해할 수 없었다. 친구들은 욥이 당한 고통에 대해서 주제넘은 해석을 내렸다. 그러나 욥은 그런 친구들의 말을 하나도 받아들일 수 없었다. 그가 지금까지 알던 하나님은 그런 하나님이 아니셨기 때문이다.

욥은 자기의 의를 붙들고 하나님 외의 다른 제3의 판결자를 요청하면서 하나님을 상대로 천상법정소송을 제기한다. 우리는 욥을 보면서 신앙의 길이란 사탄과 싸우는 길이기도 하지만 하나님과 씨름하는 길이기도 하다는 것을 배우게 된다.

하나님을 사랑했다면, 하나님의 사랑이 의심스러울 때 하나님을 욕하고 떠나는 방식을 취해서는 안된다. 그런 건 나중에 해도 된다. 욥처럼 철저하게 묻고 따지고 불평하고 항변하는 방식을 취해야 한다. 남들이 말하는 하나님이 아니라 내가 물은 것에 대답하시는 하나님을 직접 뵈어야 한다. 이런 믿음이 오래 간다.

예수님을 따라가는 종의 삶을 살 때 벳세다 들판까지 따라가는 사람과 겟세마네 동산까지 따라가는 사람과 골고다 언덕까지 따라가는 제자는 확연히 구분된다. 예수님과 골고다 언덕 십자가까지 오르는 사람은 예수님을 인격적으로 만난 사람이다. 직접 체험한 사람이다. 이런 사람은 자신의 의지가 아니라 하나님과의 만남이 그를 이끌어간다. 내가 체험한 예수님이 없으면 결코 끝까지 따라갈 수 없다. 남이 말하는 예수님에 대해서만 들은 사람이 십자가 길을 어디까지 따라갈 수 있을 것 같은가?

신앙의 길에서 퉁치지 마라

욥은 하나님께 매달려 직접 대답을 듣고 싶어 했다. 욥의 믿음은 진지하고 치열하다. 그렇다 치고 퉁치며 지나가는 부분이 없다.

욥은 친구들과도 짱짱히 맞선다. 그들의 대화는 처음부터 서로 비벼지지 않는다. 욥이 말하는 하나님이 가슴에서 고백되는 체험적인 하나님이라면 친구들이 말하는 하나님은 머리에서 나온 종교 전통이 가르치는 하나님이다.

이해할 수 없는 주인의 처사를 따져 묻는 것은 주인을 욕하는 것이 아니다. 불신앙이 아니다. 오히려 그것은 신앙의 길에서 진지한 성찰이요 구도이다. 우리의 신앙이 허접해졌다면 그것은 그동안 '안다 치고, 들었다 치고, 믿었다 치자'라며 퉁 치고 지나온 것들에 발목이 잡혀서이다.

욥은 주인에게 삼수갑산을 가는 한이 있어도 자신이 의롭게 살았음을 항변한다. 만약에 자신이 악한 일을 행했거나 마땅히 해서는 안 될 일을 했다면 벌을 받아도 좋다고 말한다. 그리고 한 예로 자신은 여인에게 유혹되어 이웃의 문을 엿본 적이 없다고 말한다. 만일 그런 적이 추호라도 있다면, "내 아내가 타인의 맷돌을 돌리며 타인과 더불어 동침하기를 바라노라"(욥 31:10)라고 말했다. 이것은 굉장히 강력한 주장이다. 아내를 걸고 하는 의의 항변이다. 이것을 두고 욥이 여성을 바라보는 가부장적 태도와 여성 인권에 대해 운운할 필요는 없다. 당시 시대적 상황 속에서 욥이 주장하는 자기의 의가 이 정도로 분명했다는 것만 이해하면 된다.

우리는 욥처럼 이런 주장을 할 수 있을까? 하나님 앞에서 우리가 내보일 의가 이 정도는 될 수 있어야 할 텐데 말이다. 욥은 이런 말을 할 수 있는 종이었으나 욥의 친구들은 할 수 없었다. 이런 욥의 태도에 대해 하나님은 정당하다고 인정해 주셨다. 욥은 고통 속에서 흔들리며 절망하기도 했다. 그러나 하나님께 따져 물으며 점점 더 견고한 신앙의 자리로 나아간다.

고난 하나에 그리스도의 위로 하나씩! 이것이 주의 종들의 고난을 갈무리하는 태도다. 우리는 고통 중에 하나님께 묻기를 주저하지 말아야 한다. 어설프게 그렇다 치고, 잘못했다 치고 하면서 두루뭉술 넘어가서는 안된다. 이해되지 않으면 물어야 한다. 납득이 될 때까지 기도해야 한다. 아프면 아프다고 말씀드려야 한다. 그것이 설령 거칠고 투박하다 할지라도 사람의 귀가 아니라 하나님 귀에 털어 놓았다면 그것은 훌륭한 기도가 된다.

우리를 위해 십자가에 아들을 내어주신 이가 그까짓 불경한 언사로 맞섰다 하여 우리가 잘못되었다 하실 리 없다. 더군다나 주인을 위해 훌륭하게 애쓴 종들의 불평이라면 말이다. 하나님은 그런 진지한 구도와 성찰의 사람에게 당신을 드러내는 분이시다.

주의 종이라 자처하면서 주인 되신 예수님을 만나지 못하고 그분에 관한 옛 사람들의 설명에만 매달려 있다는 것은 서글픈 일이다.

12

영적 전투가 무엇인지 보여준다

성경에는 남종들만 있는 것이 아니라 훌륭한 여종들도 있다. 에스더가 그들 가운데 하나다. 에스더서는 옛날 어떤 왕의 왕비로 살다간 팔자 좋았던 여자에 관한 이야기가 아니다. 그녀의 이야기는 사탄의 공격에 어떻게 맞서 싸워야 하는지를 보여 주는 전형적인 예다.

에스더라는 이름의 뜻은 '별'이다. 그녀는 별과 같이 빛났던 여인이다. 그녀는 요즘 말로 하면 퀸카다. 퀸카는 신조어지만 국어사전에까지 등재된 단어로, '외모가 특히 빼어난 여자를 이르는 말'이라는 뜻이다. 인터넷 지식 검색창에 '퀸카'라고 입력하면 퀸카의 여러 조건이 나열되어 있다.

'퀸카가 되려면 날씬해야 합니다. 키는 170센티미터 이상이 되어야 합니다. 눈이 커야 하고 입술은 도톰하고 반짝거려야 합니다.

코는 오똑해야 하고 피부는 우윳빛이어야 하고 얼굴은 계란형이어야 합니다. 치아는 가지런하고 하얘야 합니다….'

온통 외모 이야기뿐이다. 세상이 말하는 퀸카는 그런지 몰라도 영적인 퀸카는 그렇지 않다. 외모가 빼어나다면 좋다. 그러나 그것이 전부는 아니다. 외모는 아름다운지 몰라도 내면의 추함과 영혼의 빈곤함으로 살아가는 여성들이 많다. 삼손을 유혹한 들릴라를 생각해 보자. 들릴라를 퀸카라고 말할 수 있을까? 들릴라가 외모가 아름다운 여성이었는지 모르지만 그녀가 한 행동을 보라. 은 천백 세겔을 얻기 위해 삼손을 기만한 것을 생각해 본다면 들릴라는 퀸카라 할 수 없다.

영적 퀸카의 조건

에스더의 외모가 아름다웠던 것은 사실이다. 그녀는 페르시아의 왕 아하수에로가 한눈에 반해버린 여성이었다. 아하수에로 왕은 23개국 127도를 다스리는 제국의 통치자였다. 아하수에로는 국부 고레스와 아닥사스다 왕과 더불어 제국의 전성기를 이끌었던 세 명의 왕 가운데 하나였다. 그런 아하수에로가 취하지 못할 여인은 아무도 없었다.

아하수에로가 왕비 와스디를 폐위시키고 새로이 왕후를 간택하고자 했을 때, 그의 신하들은 페르시아뿐 아니라 페르시아 제국의 통치 아래 있는 모든 나라를 샅샅이 뒤졌다. 그리고 외국에서 뽑혀온 여인 1,495명과 페르시아 각 지역에서 뽑힌 127명의 후보를 최종 결선에 올렸다. 이 여인들은 왕에게 선을 보이기 위해 1년 동안 몸을 가꾼 후, 하루에 한 명씩 저녁 때 왕에게 나아갔다가 새벽에 나왔다. 아하수에로 왕이 외모가 아름다운 여인을 취하려 했다면 그런 여인들은 발에 채일 정도로 넘쳐 났을 것이다.

그러나 아하수에로는 여자라면 사족을 못쓰는 애송이가 아니었다. 그는 마초적인 성향이 넘치는 군주이기는 했지만 잠이 안 오는 밤에 궁중실록을 가져다가 읽게 할 정도로 책임감 있는 왕이었다. 비록 술에 취해 경솔하게 왕후 와스디를 폐위하는 일을 저지르기는 했지만 이 일 후에 왕비를 못잊어 했던 나름 순정이 있는 왕이었다.

아하수에로는 에스더를 본 그날로 더 이상의 왕후 고르기를 끝낸다. 그것은 에스더의 외모만으로 평가된 것이 아니었다. 아하수에로는 에스더를 보고서 마음이 무척 흡족했던 것 같다. 에스더에게 제국의 절반이라도 달라면 줄 터이니 소원을 말해보라고 말한다. 아하수에로는 이 말을 결코 충동적으로 하지 않았다. 이후에도 그는 이런 말을 네 번이나 했다. 아하수에로 왕은 에스더를 왕후로 간택한 것이 기뻐 방백들과 신하들에게 큰 향응과 상을 내렸다. 백성에게는 세금을 면제해 주었다.

성경을 보니 에스더는 "모든 보는 자에게 사랑을 받더라"(에

2:15)라고 했다. 에스더를 보는 모든 사람이 그녀에게서 눈을 뗄 수 없었다는 이야기다. 뛰어난 외모가 사람들의 일시적인 관심을 끌 수는 있다. 그러나 지속적으로 사람의 마음을 감화시키는 것은 완전히 다른 이야기다. 에스더에게는 외모 이상의 아름다움이 있었다. 그것은 순전한 믿음에서 비롯된 빛나는 영적 자산들이다.

긍휼한 마음의 아름다움

에스더의 아름다움은 그녀의 성품에서 발견된다. 그녀에게는 동족을 불쌍히 여기는 긍휼의 마음이 있었다. 그녀는 화려한 궁 수산 성에서 살고 있었다. 그러나 성 밖에서 통곡하는 동족들의 소리에 귀를 기울일 줄 알았던 여인이다. 하만이라는 사악한 국무총리에 의해 동족이 몰살될 위기에 놓였을 때 "죽으면 죽으리이다"라는 심정으로 왕 앞에 나아갔던 여인이다. 왕에게 허락을 받지 않고 나갔다가는 아무리 왕비라고 해도 죽임을 면치 못하던 것이 당시 경호 원칙이었다. 그런데도 그녀는 왕 앞에 허락 없이 나아간다. 동족의 문제에 자신의 생명을 걸었던 것이다.

Compassion! 긍휼이란 타인의 고통을 자신의 고통처럼 여기는 것을 말한다. 값싼 친절이나 동정심이 아니다. 인간이 지녀야 할 성품 가운데 가장 고귀한 성품이다. 마귀가 결코 흉내 내지 못하는 것이다. 긍휼은 하나님의 성품이며 예수님의 마음이다.

'긍휼'을 의미하는 히브리어 단어 '렉헴'의 뜻은 '자궁'이다. 자궁은 여성에게 가장 깊은 감정의 자리이다. 어머니가 아기를 품고 그 아기에 대해 무한한 책임감과 절대적인 애착을 갖는 그런 감정을 말한다.

예수님은 긍휼이 많은 분이셨다. 문둥병자를 고쳐주실 때는 그들의 몸에 서슴없이 손을 대셨다. 문둥병자에게 손을 대면 부정해지지만 개의치 않으셨다. 긍휼한 마음에는 마귀가 틈타지 못한다. 마귀는 자다가도 벌떡벌떡 일어나며 '어디 두고보자' 하는 마음에 틈탄다. '내가 받은 만큼 돌려주리라' 다짐하는 복수의 마음이 마귀가 축제를 벌일 마음이다. 이런 마귀에게 가장 두려운 마음은 무엇일까? 그것은 상대방이 아무리 내 마음을 헤집고 난리를 쳐놔도, 그걸 보면서 뚜껑이 열리는 것이 아니라 '저러는 본인은 얼마나 힘들겠나' 하는 불쌍한 마음을 갖는 것이다.

예전에 <선덕여왕>이라는 인기 드라마가 있었다. 거기에 미실이라는 사악한 황녀가 있었다. 그녀는 자신의 명령을 제대로 이행하지 못한 신하를 여럿이 지켜보는 앞에서 직접 칼로 베며 이렇게 말했다.

"사람은 능력이 모자랄 수 있습니다. 사람은 부주의할 수 있습니다. 사람은 실수할 수도 있습니다. 하지만 나 미실의 사람은 그럴 수 없습니다."

"백성은 진실을 부담스러워하고 희망을 버거워하며 소통을 귀

찮아하고 자유를 주면 망설입니다. 처벌은 폭풍처럼! 포상은 아주 조금씩! 이것이 지배의 기본입니다."

보면서 섬뜩했다. 긍휼의 마음을 조금도 찾아볼 수 없는 비정한 캐릭터다. 만일 정치하는 사람들이 모두 이런 마음을 갖고 있다면 그것은 재앙일 것이다.

예전에 엘리베이터에서 어떤 부인이 전화통화 하는 소리를 들었다. "갸가 아무리 그래 캐싸도 맨날 그래 캐쌌나보드라." 한동안 이 소리가 귀에 맴돌았다. 갸가 누구인지 갸가 매일 어떤 행동을 한다는 것인지 궁금해졌다. 갸가 누구인지 모르지만 분명한 것은 꾸중인지 관심인지 걱정인지 모를 그런 마음을 가진 여자들 둘이 있으니 갸는 안전하겠구나 싶었다.

하나님의 종들에게는 부족한 이를 품어주는 따뜻한 마음이 있어야 한다. 얼굴이 예쁘다고 다가 아니다. 마음이 예뻐야 한다.

빛나는 기도의 사람

에스더에게서 또 하나 빛나는 것은 기도다. 그녀는 기도의 여인이었다. 그녀는 동족이 몰살당할 위기 앞에서 삼촌에게 이렇게 부탁한다.

> 당신은 가서 수산에 있는 유다인을 다 모으고 나를 위하여 금식하되

밤낮 삼 일을 먹지도 말고 마시지도 마소서 나도 나의 시녀와 더불어 이렇게 금식한 후에 규례를 어기고 왕에게 나아가리니 죽으면 죽으리이다 _에 4:16

에스더서 전체를 통해서 가장 유명한 구절이다. 그녀는 위기의 순간에 '기도'라는 카드를 빼들었다. 그녀는 기도의 능력을 알고 있었다. 그래서 자신을 위해 범국민적인 중보기도를 부탁한다. 그리고 자신도 절대금식으로 하나님께 나아간다.

우리는 문제가 닥쳤을 때 엎드려 기도만 하는 것은 나약한 사람들이나 하는 짓이라고 생각한다. 그러나 그렇지 않다. 기도는 힘이 없는 사람들이 취하는 방식이 아니다. 에스더가 하만을 인간적으로 상대할 힘이 없어서 삼일간 금식기도를 한 것이 아니다. 에스더가 가진 힘도 만만찮았다. 그녀는 아하수에로 왕의 부인이었다. 대통령 영부인의 힘이 셀까? 국무총리의 힘이 셀까? 에스더가 하만과 맞짱을 뜨기로 했다면 그녀의 공격이 만만찮았을 것이다. 그러나 에스더는 그렇게 하지 않았다.

에스더는 모든 상황과 감정을 가지고 하나님 앞에 나아간다. 그녀는 대적과 싸우기 전에 하나님과 씨름해야 한다는 것을 알고 있다. 영적 전투는 이렇게 시작하는 것이다. 이기는 싸움을 하려면 내 힘이 아니라 하나님의 힘을 요청해야 한다. 나 대신 하나님이 싸워주셔야 한다. 기도는 하나님께 접속하는 행위다.

에스더는 금식을 마친 후에 왕비의 옷으로 갈아입고 왕 앞에 나아간다. 전후문맥을 볼 때 에스더가 금식을 끝내고 왕에게 나아가기 전에 한 가지 한 일이 있다. 그것은 식탁을 차린 것이다. 그 식탁은 아하수에로 왕과 하만 총리, 단 두 명의 남자들을 위한 자리였다. 그렇지만 만일 왕이 그녀에게 금홀을 내밀지 못하면 두 번 다시 보지 못할 식탁이었다. 자신이 먹게 될지 먹지 못하게 될지 모를 만찬상을 그녀는 최고로 준비한다.

에스더가 왕에게 나아갔을 때 다행히도 왕이 그녀에게 금홀을 내밀었다. 그녀가 너무 예뻐 보였던 것이다. 아하수에로는 이때에도 에스더에게 제국의 절반이라도 줄 테니 소원이 있으면 말해보라고 한다. 그때 에스더는 오늘 자신이 차린 식탁에 와달라고 말한다.

보통 여인들 같으면 상황이 이쯤 되면 끝났다고 생각했을 것이다. 하만의 간계를 드러내며 다 고해바쳤을 것이다. 그러나 에스더는 어렵게 잡은 기회에서 소원을 말하지 않는다. 왕의 호의적인 말을 듣고도 흥분하지 않는다. 왕에게 용납되었다는 것이 상황이 종료되었다는 것을 의미하는 것이 아니라는 사실을 알고 있다. 승기를 잡았다는 것이 승리했다는 말은 아니다. 이제 한 단계 건넜을 뿐이다. 본격적인 싸움은 이제부터다.

에스더는 눈 앞에 있는 대적도 대적이지만 실상 자신의 내부에 더 큰 적이 있다는 것을 알았다. 성급함이라는 적, 조절되지 않고 날뛰는 미움과 분노라는 적, 아직 서지 않았으나 선 줄로 착각하게 하는 교만이라는 적, 신중하지 못한 말과 행동. 이런 것들이 실상 더 큰 적임을 알고 있었다. 에스더는 한 번에 끝내려고 하지 않는다. 그녀는 기도한 만큼만 움직였다.

거룩한 상상력을 동원하여 에스더의 모습을 생각해 보자. 지금 그녀 앞에 동족을 말살하려는 대적 하만이 있다. 그는 쳐다보고 싶지도 않은 사람이다. 그런데 그런 대적자 앞에서 생글생글 웃는다. 3일 금식한 티를 조금도 내지 않는다. 아하수에로 왕이나 하만은 파티라면 이골이 난 사람들이다. 웬만한 식탁이 아니고서는 이들을 만족시킬 수 없다. 그런데 도대체 어떻게 대접을 했기에 이 두 남자가 완전히 넋이 나갔을까. 싫은 사람하고는 단 한 끼도 마주 앉아 먹기 싫은 것이 인지상정이다. 그런데 에스더는 비열한 음모를 가진 하만을 상대하면서 조금씩 목을 조여가고 있다. 사탄은 이렇게 대적하는 것이다. 겉으로는 잔치 자리이지만 속으로는 치열한 전투다. 피를 말리는 심각한 영적 전쟁이다.

> 우리의 씨름은 혈과 육을 상대하는 것이 아니요 통치자들과 권세들과 이 어둠의 세상 주관자들과 하늘에 있는 악의 영들을 상대함이라 그러므로 하나님의 전신 갑주를 취하라 이는 악한 날에 너희가 능히 대적하고 모든 일을 행한 후에 서기 위함이라 _엡 6:12-13

전세가 유리할 때 더 조심하라

우리는 에스더가 든 성령의 칼이 하만으로 대변되는 사탄의 목을 겨냥하고 조금씩 조금씩 코너로 몰아가는 모습을 본다. 에스더는 눈에 보이는 하만을 상대하지만 동시에 보이지 않는 그녀 자신의 악한 본성과도 싸우고 있다. 내부에서 올라오는 혈기, 감정, 복수심, 두려움, 이 모든 감정이 훌륭하게 컨트롤되고 있다. 이것은 인간적인 힘이 아니다. 기도한 사람에게 하나님이 부어주시는 영적인 힘이다.

하나님의 종들은 전세가 불리할 때가 아니라 유리할 때 더욱 조심해야 한다. 하나님의 종들이 넘어지는 때는 바로 선 줄로 생각하는 때다. 에스더는 자기 자신과 하만과 동시에 아하수에로까지 상대하는 영적 전투를 수행하고 있다.

> 내가 만일 왕의 목전에서 은혜를 입었고 왕이 내 소청을 허락하시며 내 요구를 시행하시기를 좋게 여기시면 내가 왕과 하만을 위하여 베푸는 잔치에 또 오소서 내일은 왕의 말씀대로 하리이다 _에 5:8

에스더는 조급하게 굴지 않으면서 하만을 코너로 몰고 전세를 뒤집는다. 그렇게 해서 하만을 죽이고, 하만의 열 아들을 죽이고, 수산 성에 있는 유다인들의 대적자 8백 명을 진멸하고, 마지막으로 페르시아 전역에 있는 유다인들의 대적자 7만 5천 명을 진멸

한다. 대적이 자신의 동족에게 하려고 했던 것을 에스더가 고스란히 갚아 준 것이다.

하만은 아말렉 족속이다. 아말렉 족속은 출애굽기 17장 14절에서 하나님이 천하에서 기억도 하지 못할 종족이므로 끝까지 진멸하라고 하신 족속이다. 아말렉은 사탄의 세력을 상징한다. 아말렉은 포용의 대상이 아니다. 죄는 감싸 안을 대상이 아니다. 그것은 진멸해야 하는 대상이다.

사울 왕은 이 점에서 실패했다. 그는 아말렉과의 싸움에서 승리한 후에 살찐 소와 양과 옷 몇 벌을 빼돌렸다. 그는 아말렉을 이겼는지는 몰라도 자신의 탐욕을 이기지 못했다. 이것을 두고 사무엘 선지자는 사울에게 "왕이 여호와의 말씀을 버렸으므로 여호와께서도 왕을 버려 왕이 되지 못하게 하셨나이다"라고 말했다. 사울 왕은 아말렉과 싸워 승리하지 못했다.

우리가 아무리 100번 가운데 99번 하나님의 말씀대로 살고 신앙의 원칙들을 지키며 살아도 그 마지막 하나를 진멸시키지 못하면 그것은 순전한 믿음이 아니다. 그 남겨둔 1퍼센트가 누룩처럼 부풀어 올라 우리의 99퍼센트를 삼키게 된다. 정직하게 말하면 아말렉 족속이 지독한 것이 아니고 우리 안에 있는 죄의 본성이 더 지독하다. 세상이 주는 유혹과 쾌락과 물질적인 풍요와 죄의 달콤함을 놓지 못하는 우리 안의 죄성이 바로 아말렉이다. 하나님의 종들은 바로 이런 것들을 찾아내 십자가에 못 박아야 한다.

에스더는 페르시아 제국의 왕비로 살면서 자기 혼자만을 위해 살지 않았다. 그녀는 남편이 제국의 절반을 주겠다는데도 그것을 구하지 않았다. 그녀가 원했던 것은 세상 나라 반쪽이 아니라 하나님 나라의 전부였다. 그녀는 왕비가 아니라 하나님의 딸이라는 정체성을 가지고 살았다.

그녀가 세상의 영광만을 구하는 여인이었다면 2천 5백 년이 지난 오늘날 우리가 그녀의 삶을 묵상하며 감동할 까닭이 없다. 에스더가 하나님의 딸로 살고자 했을 때 하나님은 그녀의 인생을 별처럼 빛나게 해 주셨다. 그녀가 하나님의 여종의 정체성으로 살고자 했을 때 수산 궁은 놀이터가 아니라 전쟁터가 되었다. 그녀는 이 세상을 전쟁터처럼 살다가 갔다.

에스더 1장은 페르시아 제국의 화려함의 끝을 보여 준다. 장장 180일 동안 계속되던 파티. 그것은 아하수에로의 부함과 위엄의 혁혁함을 드러내기 위해 베풀어진 파티의 끝판왕이다. 왕궁 후원에서도 주연이 베풀어졌고, 사람들은 저마다 금잔으로 마셔댔다고 했다. 어주가 한이 없이 베풀어졌고, 각 사람은 자기들이 하고 싶은 대로 했다. 에스더는 그런 한복판에서 하나님의 알박이로 살았던 여종이다.

성경은 페르시아 제국의 퍼스트 레이디로 살았던 에스더가 잘 먹고 잘 산 것에 대해 관심을 두지 않는다. 대신 그녀의 영적 전투는 무엇이었는지, 그녀가 어떤 방식으로 대응했는지에 관심을 둘

뿐이다. 아무도 그녀에게 이런 방식의 삶을 살라고 강요하지 않았다. 그러나 그녀는 세상 여자들이 이해할 수 없는 방식의 삶을 살았다. 그녀에게 하나님은 경외할 주인이시기 때문이다.

하나님의 자랑이 되는 종

"네가 내 여종 에스더를 보았느냐?"

나는 하나님이 사탄에게 에스더를 자랑하셨으리라고 믿는다. 사탄은 아무 말도 못했을 것이다. 욥 이후에도 이렇게 멋진 여종이 있었다. 오늘날 믿음을 가진 사람들은 많다. 그러나 확신을 가진 종들은 많지 않다. 영적 싸움에 대해 알고 있는 사람들은 많다. 그러나 영적 싸움을 싸우는 종들은 많지 않다. 죄와 싸우는 사람들은 많다. 그러나 피흘리기까지 싸우는 종들은 많지 않다.

화려한 페르시아 제국의 수산 성 한가운데 하나님의 여종이 멋진 빛을 발하고 있다. 세상의 유혹과 악이 그녀를 손톱만큼도 건드리지 못했다. 에스더는 영적 퀸카였다. 영적 퀸카의 가치는 하나님께 기도한 만큼이다. 그리고 하나님이 인정해 주시는 만큼이다.

4부

착하고 충성된 종이 고백하기를

세상 사람 누구에게나 고난은 있습니다. 제가 당한 일이 흔히 일어나는 일은 아니지만, 그러나 누구에게나 일어날 수 있는 일입니다. 그 고난을 어떻게 이기느냐가 중요한 것이겠지요. 누구에게나 한 번 주어지는 인생, '무슨 일'이 그에게 일어났는가보다는 그가 그 무언가에 '어떻게' 맞섰으며, '어떻게 살았는지'가 중요한 것임을 깨닫게 됩니다. 그래서 고난 자체가 가장 큰 축복이 될 수도 있습니다. 왜냐하면 고난이 아니면 절대 가질 수 없는 보물이 있기 때문입니다. 돈 주고는 절대 사지 못하는 보물이, 학교에서도 배울 수 없는 것들이 고난과 기다림의 시간 가운데 주어지기 때문입니다.

저는 이제 그 삶의 비밀을 알게 되었습니다. 그렇기에 고난은 제게 축복이었다고 말할 수 있습니다. 누군가가 제게 물었습니다. 전의 모습으로, 사고 나기 전 그 자리로 되돌려 준다면 어떻게 하겠냐고.

바보 같다고 할지 모르겠지만 제 대답은 "되돌아가고 싶지 않습니다"

였습니다. 왜냐하면 정말로 중요하고 정말로 영원한 것은 눈에 보이지 않는 것 안에 있다는 사실을 깨달았기 때문입니다. 예전에는 몰랐던 사랑을 알게 되었고, 은혜를 맛보았기 때문입니다. 지금 제 안에 담겨 있는 고난이 가져다준 보물들은 정말 그 무엇과도 바꾸고 싶지 않은 것이기 때문입니다. 그것이 이전의 모습이라 할지라도 말이지요.
성공한 인생만이 행복한 인생은 아닐 것입니다. 쫙 뻗은 대로를 걷는 것만이 행복은 아닐 것입니다. 굽이치는 계곡이나 사람이 한 번도 지나다니지 않은 오솔길을 걸어가더라도, 그 길 위에서 내가 숨쉬는 지금, 새 봄에 피어난 초록 잎의 신비로움을 보고, 예전엔 보이지 않았던 것을 이제 보게 되는 것, 무형이라서 손에 잡히진 않았지만 이제는 맛볼 수 있는 것, 이게 제가 발견한 행복입니다. 보이지 않는 것을 보고 느끼며 사는 삶, 이것이 제가 꿈꾸는 삶입니다.
저는 기대합니다. 지금은 상상도 못할 일들이 앞으로도 펼쳐질 것입니다. 앞으로도 크고 작은 기적들이 일어날 것입니다. 지금 이 모습이 아니고는, 그간의 아픔을 알지 못하고는 전할 수 없는 메시지들을 전하게 하실 것입니다. 그리고 이 모습이 아니고는 만날 수 없는 사람들을 만나게 하시며, 이런 모습의 저만이 할 수 있는 일들을 분명 제게 맡겨주시리라 믿습니다. 하나님은 지금 여기에 살아 계십니다.
그래서 저는 지금 행복합니다.

_이지선, 《지선아 사랑해》

*음주운전자가 낸 7중 추돌 사고로 전신 55퍼센트에 3도의 중화상을 입고서 눈물겨운 투병과 재활훈련을 거친 후 고백한 이야기

13

주신 이도 거두신 이도 여호와시니

주신 이도 여호와시요 거두신 이도 여호와시오니 여호와의 이름이 찬송을 받으실지니이다 _욥 1:21

욥이 어찌 까닭 없이 하나님을 경외하리이까 주께서 그와 그의 집과 그의 모든 소유물을 울타리로 두르심 때문이 아니니이까 주께서 그의 손으로 하는 바를 복되게 하사 그의 소유물이 땅에 넘치게 하셨음이니이다 이제 주의 손을 펴서 그의 모든 소유물을 치소서 그리하시면 틀림없이 주를 향하여 욕하지 않겠나이까 _욥 1:9-11

가죽으로 가죽을 바꾸오니 사람이 그의 모든 소유물로 자기의 생명을 바꾸올지라 이제 주의 손을 펴서 그의 뼈와 살을 치소서 그리하시면 틀림없이 주를 향하여 욕하지 않겠나이까 _욥 2:4-5

사탄은 참으로 악한 존재다. 사탄은 위와 같은 두 가지 테스트를 통과하기 전에는 욥의 믿음을 인정할 수 없다고 말한다. 사탄의 이런 시험 때문에 사람들 눈에 피눈물이 난다.

나는 어렸을 때 욥의 이야기가 누가 지어낸 이야기인 줄 알았다. 세상에 욥이 당한 것 같은 고통을 당하고 사는 사람이 어디 있단 말인가? 그런데 인생을 살아가면서 알았다. 이런 고통을 당하고 사는 사람들이 많아도 너무 많았다.

고통을 넘어선 사람들

2008년 12월 8일, 샌디에고 외곽 주택가에 미군의 전투기 F/A 호넷이 시험비행 도중 사고로 추락했다. 조종사는 비상탈출했다. 이 사고로 윤동윤 씨는 사랑하는 아내와 생후 6주된 둘째딸 하영이, 그리고 첫째딸 하은이, 산후조리를 돕기 위해서 한국에서 건너오신 장모님까지 네 여자를 한꺼번에 잃었다. 내 아내는 이 뉴스를 접하고서 발을 동동 구르며 울었다. 나는 샌디에고 연합감리교회의 신실한 성도인 윤동윤 씨가 하나님을 욕하고 죽지 않기를 기도했다. 윤동윤 씨는 조종사도 최선을 다했을 것이므로 그를 용서한다고 말했다.

1960년대를 주름 잡았던 아서 애쉬(Arthur Ashe)라는 전설적인 테니스 선수가 있었다. 그는 모든 테니스 선수들의 꿈인 그랜드 슬

램에서 세 번이나 우승했다. 그중 한 번은 최고의 권위를 자랑하는 윔블던에서의 우승이었다. 그런데 그렇게 잘 나가던 그가 갑작스런 심장마비로 두 번이나 수술을 받는다. 엎친 데 덮친 격으로 수술을 받으면서 잘못 수혈을 받아 에이즈 병에 걸리고 만다. 그가 에이즈에 걸린 것이 알려졌을 때 그는 전 세계 팬들로부터 편지를 받았다. 그중 한 편지에 이런 질문이 있었다.

"당신은 크리스천이지요? 그렇다면 당신이 믿는 하나님은 왜 하필이면 당신이 그처럼 나쁜 병에 걸리게 했습니까?"

이에 대해 아서 애쉬는 이렇게 대답했다.

"전 세계적으로 5,000만 명의 어린이들이 테니스를 칩니다. 그중 500만 명이 코치로부터 정식으로 테니스를 배웁니다. 그중 50만 명이 직업 선수가 됩니다. 그중 5만 명이 리그전에 참여합니다. 그중 5,000명이 그랜드슬램 대회에 참여할 자격을 얻습니다. 그중 50명이 윔블던에 참여할 자격을 얻습니다. 그중 4명이 준결승에 진출하고, 그중 2명만이 결승전에 갑니다. 그리고 그중 1명만이 우승컵을 듭니다.

1975년 윔블던 대회에서 우승하던 날, 그때 저는 하나님께 왜 하필이면 저냐고 묻지 않았습니다. 만일 제가 심장마비 혹은 에이즈에 걸린 것을 두고 왜 저냐고 묻는다면 제가 받은 축복에 대해서도 왜 저냐고 물어야 하고, 그것을 누리는 제 권리에 대해서도 질문해야 합니다. 만일 저의 승리에 대해 왜 하필이면 저냐고 묻지 않았다면, 저의 실패와 재앙에 대해서도 왜 하필이면 저냐고 묻지 말아야 한다고 생각합니다."

그는 1993년 50세의 나이로 세상을 떠났다.

다음은 분당우리교회 이찬수 목사님이 쓰신 책《삶으로 증명하라》에서 읽은 내용이다. 목사님 교회에 출석하는 어떤 자매가 이 목사님에게 이런 이메일을 보냈다고 한다.

목사님 안녕하세요. 저는 루프스 병에 걸린 자매에요. 루프스 병이 어떤 병인지 궁금하시죠? 이 병은 인체 외부로부터 몸을 보호하는 면역체계에 이상이 와서 면역계가 몸을 공격하는 거예요. 이게 눈을 공격하면 실명되는 거구요, 귀를 공격하면 들을 수 없는 사람이 되는 거구요, 간을 공격하면 간이 망가지는 거에요. 저도 이 병에 걸린 지 1년 만에 신장이 상했어요. 저는 병원에서 겨울 내내 있었지요. 팔은 주사로 만신창이가 되고 어쩔 땐 고열로 몰핀 종류를 맞아도 효과가 없어서 고통으로 고생을 했어요. 스테로이드 부작용으로 고관절이 망가지는 '혈성골괴사'라는 병을 얻었고, 앞으로 인공관절 삽입 수술도 해야 해요. 또 포도망막염 때문에 시력을 잃을 뻔했고, 대상포진에 세 번씩이나 걸렸었고, 항생제 부작용으로 죽을 뻔도 했어요. 온몸에 대못을 박아 놓은 것 같은 심한 전신 통증인 섬유근통도 있었고, 의사 선생님의 말로는 제가 앞으로 수시로 발작을 일으킬 수도 있고, 길거리를 가다가 쓰러질수도 있고, 편두통, 천식, 백혈구 감소증, 혈소판 감소증, 혈관염 등이 예견되는 루프스 환자 중에서도 1퍼센트 안 되는 집단에 포함되어 있는 재미없는 환자래요.

그런 18년 동안 저에게 일어난 가장 큰 변화는 병명만 많아진 것이 아니라 제 삶에서 일하시는 하나님을 만난 거죠. 살아 계신 하나님, 아무것도 아닌 저를 자녀 삼아 주시고 그렇게 못되게 구는 저를 끝까지 기다려 주시고 변화시켜 주신 하나님 말이에요. 큰 수술이나 검사가 있을 때마다 기도하게 하시고, 집에 있을 때에도 성경을 읽게 만들어 주시는 주님의 힘. 그리고 성경을 통해 정말 빨리 제게 응답해 주시는 신실하신 하나님을 경험한 거예요. 그래서 아침마다 제 입에서는 '평화, 평화로다 하늘 위에서 내려오네' 하는 찬양이 저절로 흘러나와요. 친구들은 제가 주님에 대해 말을 하면 모두 귀를 기울여요. 정말 살맛 난다고 할까요. 아니 제겐 은혜와 기쁨이 된 거죠. 아프지 않았으면 결코 느끼지 못할 그런 기쁨이에요. 사실 지금도 저는 약을 많이 늘렸어요. 혈관염이 너무 심해져 손가락을 건드릴 수 없을 정도거든요. 12월 30일에 응급실 다녀왔는데 응급실에서도 엄마랑 이야기하면서 웃었어요. "오랜만에 온 것 같다, 그치?" 하면서요.

저는 아픈 걸 낫게 해달라고 기도하지 않아요. 처음부터 끝까지 저의 기도는 낮아지고 낮아지게 하시고 예수님 발뒤꿈치라도 예수님 닮아가는 사람이 되기를 바라는 것뿐이에요. 가끔 제가 높아지려고 하는 순간이 있어요. 그때는 어김없이 저를 낮추어 달라고 기도해요. 조금씩 노력하고 있고 하나씩 실천할 때마다 감사를 드릴 수밖에 없어요. 이 일들이 다 저에게는 은혜요, 기쁨이며, 돈으로 살 수 없는 감동입니다. 앞으로 제가 어떻게 될지 그건 주님만이 아시겠지만, 주님을 만나는 날, "내가 너로 인해 참 좋았노라. 내가 너로 인해 참 기뻤노라" 하고 주님이 저를 안아주시기를 바라요. 이 메일을 쓰면서도 자꾸 눈물이 납니다. 다시 한 번 은혜 알게 해주셔서 목사님께 감사를 드립니다.

_이찬수, 《삶으로 증명하라》

너무나 무섭고 아픈 이야기일 텐데 담담한 어조로 간증하는 그녀의 모습이 아름답다.

우리가 지켜야 할 마음의 선

그러나 모든 사람들이 윤동윤 씨처럼, 아서 애쉬처럼, 그리고 이 자매처럼 고백하는 것은 아니다. 어떤 사람들은 고통을 겪으면서 심신이 더욱 황폐해진다.

당신이 그래도 자기의 온전함을 굳게 지키느냐 하나님을 욕하고 죽으라 _욥 2:9

이것은 욥의 아내의 말이었다. 부부의 반응이 달라도 어떻게 이렇게 다를까? 부부가 함께한 세월이 오래면 서로 닮는다지만, 끝까지 닮지 않는 것이 있다. 바로 영적인 부분이다. 욥의 아내의 말은 악플(악성댓글)처럼 읽힌다. 그녀는 사탄이 원하는 말을 대변하고 있다.

모든 지킬 만한 것 중에 더욱 네 마음을 지키라 생명의 근원이 이에서 남이니라 _잠 4:23

이해되지 않는 고통을 당했을 때 제일 먼저 날뛰는 것은 마음이다. 하나님의 종들은 이러한 때에 초기 대응을 잘한다. 주인 되신 하나님을 일절 경외하는 믿음 안에서 마음과 생각과 입술을 지킨다. 이 세 군데가 가장 치열한 영적 전쟁터다. 믿음은 이런 순간에 발휘된다. 해도 될 말이 있고 해서는 안 되는 말이 있다.

하나님의 종들이 이렇게 대응할 수 있는 것은 저들이 절망과 분노와 영적 침체를 모르는 뇌상을 입은 사람이어서가 아니다. 욥도 아내처럼 불면증에 시달렸을 것이다. 식욕을 잃고 제대로 먹지 못했을 것이다. 공황장애에 자학증세를 보이기도 했을 것이다. 그러나 그에게는 넘을 수 없는 생각의 수위가 선명했다. 하나님을 욕하고 죽는 것은 수위를 넘는 불신이다. 그것은 스스로 믿음의 밧줄을 끊는 것이다. 따라서 욥은 그렇게 행동하지 않는다.

'애초에 내가 모태에서 알몸으로 나오지 않았던가. 애초에 내 것은 없지 않았는가. 하나님이 복 주실 때 내가 감사하다고 하지 않았는가. 거저 받은 은혜라고 고백하지 않았던가. 그렇다면 하나님이 거두셨다고 해서 내가 그분을 원망할 수는 없지 않은가. 여전히 하나님은 나의 주인이 아니신가.'

그는 하나님을 여전히 신뢰하는 믿음을 내려놓지 않는다. 그간 포근했던 것들을 폭력적인 방식으로 거두시는 하나님 앞에서 그는 여전히 예배자의 모습을 견지한다.

나 역시 목회하면서 이런 모습의 성도들을 많이 만났다. 어렵게 임신을 했는데 유산을 하고 수술을 받았던 성도, 교통사고로 어린 자녀를 잃은 성도, 사고로 아들의 두 다리가 절단되는 것을 지켜봐야 했던 성도, 병원에서 더 이상 손쓸 수 없다는 암 말기의 성도. 저들은 한결같이 '주신 자도 여호와시요 거두신 이도 여호와'시라고 고백했다.

여러 계시를 받은 것이 지극히 크므로 너무 자만하지 않게 하시려고 내 육체에 가시 곧 사탄의 사자를 주셨으니 이는 나를 쳐서 너무 자만하지 않게 하려 하심이라 _고후 12:7

저들은 오히려 이런 고통이 겸손의 기회가 될 수 있음에 감사한다. 풍랑으로 인해 더 빨리 나아가는 배처럼 그렇게 주님 앞으로 나아간다. 그리고 그곳에서 주인의 말씀을 듣는다.

> 내 은혜가 네게 족하도다 이는 내 능력이 약한 데서 온전하여짐이라 하신지라 그러므로 도리어 크게 기뻐함으로 나의 여러 약한 것들에 대하여 자랑하리니 이는 그리스도의 능력이 내게 머물게 하려 함이라 그러므로 내가 그리스도를 위하여 약한 것들과 능욕과 궁핍과 박해와 곤고를 기뻐하노니 이는 내가 약한 그때에 강함이라
>
> _고후 12:9-10

세상이 감당치 못할 사람들

우리 한국 교회사에는 자랑스러운 손양원 목사님이 계시다. 전남 여수에서 애양원 교회를 담임하셨던 목사님이시다. 1948년 여순 반란사건 때 기독학생회 회장이었던 목사님의 장남 동인과 차남 동신 군, 두 아들은 안재선이라는 사람에 의해서 총살당한다. 반란군이 진압된 이후에 아들의 장례식장에서 손양원 목사님은 다음과 같은 답사를 하셨다.

여러분, 내 어찌 긴 말의 답사를 드리리요. 내가 아들의 순교

를 접하고 느낀 감사의 조건을 몇 가지로 말씀드리고자 합니다.

1. 나같은 죄인의 혈통에서 순교의 자식을 나게 하시니 감사합니다.
2. 허다한 많은 성도 중에서 이런 보배를 나에게 주셨으니 감사합니다.
3. 삼남 삼녀 중에서 가장 귀여운 맏아들과 둘째 아들을 바치게 하시니 감사합니다.
4. 한 아들의 순교도 귀하거늘 하물며 두 아들이 함께 순교했으니 더욱 감사합니다.
5. 예수 믿고 와석종신(사람이 제명대로 살고 편안한 자리에 누워 죽는 것을 뜻함)해도 복이라 했는데, 전도하다 총살 순교했으니 더욱 감사합니다.
6. 미국 가려고 준비하던 아들이 미국보다 더 좋은 천국 갔으니 내 마음이 안심되어 더욱 감사합니다.
7. 내 아들을 죽인 원수를 회개시켜 아들을 삼고자 하는 사랑의 마음을 주신 하나님께 감사합니다.
8. 내 아들의 순교의 열매로써 무수한 천국의 열매가 생길 것을 믿으면서 감사합니다.
9. 역경 속에서도 하나님의 사랑을 깨닫게 하시고 이길 수 있는 믿음 주신 하나님께 감사합니다.

하나님의 종은 자기가 당한 모든 상황을 끝내 감사로 갈무리한다. 저들은 더 이상 울며불며 떼쓰지 않는다. 그들은 눈물을 거두고 일어나 얼굴을 씻고 밥을 먹는다. 그리고 다시 용기를 내어 앞으로 뚜벅뚜벅 걸어간다.

이런 사람을 어떻게 세상이 감당할 수 있으랴. 바로 이런 모습이야말로 사탄도 막아 세우지 못하는 하나님의 사람들의 장한 모습이다. 착하고 충성된 종들에게는 착하고 충성된 고백이 있다.

14

그분이 나를 단련하신 후에는

내가 가는 길을 그가 아시나니 그가 나를 단련하신 후에는 내가 순금 같이 되어 나오리라 _욥 23:10

이기기를 다투는 자마다 모든 일에 절제하나니 그들은 썩을 승리자의 관을 얻고자 하되 우리는 썩지 아니할 것을 얻고자 하노라 그러므로 나는 달음질하기를 향방 없는 것같이 아니하고 싸우기를 허공을 치는 것같이 아니하며 _고전 9:25-26

18세 어린 나이에 여자 세계 복싱 챔피언이 된 김주희 선수가 《할 수 있다, 믿는다, 괜찮다》라는 제목의 책을 썼다. 이 책을 보면 권투 선수들이 어떻게 맷집을 키우는 훈련을 하는지 알 수 있다. 이들은 농구공처럼 생긴 5킬로그램, 7킬로그램짜리 메디신 볼

(medicine ball)로 복부를 치거나 펀치로 배를 맞는 훈련을 한다. 이 훈련을 하면 배가 강철처럼 단단해진다. 마치 온몸이 육포가 된 것처럼 딱딱해진다.

이기기를 다투는 자

이들은 메디신 볼이나 펀치가 들어오는 순간, 호흡을 밖으로 내뿜는 훈련을 한다. 0.0001초 사이에 무조건 '쉭' 하고 밖으로 내뿜는다. 맞을 때 호흡을 내뿜으면 배에 힘이 들어가고 배에 힘이 들어간 상태에서 맞는 펀치는 몸에 깊숙이 전달되지 않는다고 한다.

또한 복부를 강화시키기 위한 윗몸 일으키기와 웨이트트레이닝도 열심히 한다. 이렇게 되면 허리가 2인치 가량 줄어든다. 내장 근육이 강화되고 배에 왕(王) 자가 새겨진다. 근육과 얇은 가죽을 남겨놓고는 살이 완전히 사라지고 복부는 철벽처럼 단단해진다. 맞아도 고통을 느끼지 못할 정도로 지독히 무두질 되는 것이다.

김주희 선수는 말한다.

권투에서 상대방에게 명중시켜야 할 부분은 주먹 하나 크기입니다. 흔히들 말하는 복부 공격입니다. 사람들은 가장 위험한 곳이 명치라고 하지만 명치보다 위험한 곳이 있습니다. 그곳은 왼쪽 옆구리 갈비뼈가 끝나는 지점입니다. 사과 하나 크기의 이 지점에는 간장, 신장, 췌장, 비장 등 각종 장기가 모여 있습니다. 그 지점을 정확하게 맞을 경우 대부분의 선수들은 몇 초 뒤에 고꾸라집니다. 모든 장기에서 동시다발적으로 고통이 전해지기 때문입니다. 그래서 권투 선수들은 그 지점을 공략하기 위해 하루에도 수천 번, 수만 번씩 복부와 닮은 고구마 모양의 샌드백을 쳐댑니다. 그런데 복부 기술은 독이 든 사과와 같습니다. 복부 기술을 제대로 구사하려면 사실은 수비가 더 중요합니다. 수비가 제대로 되지 않은 상태에서 상대에게 가까이 다가가면 십중팔구 역공을 당하게 됩니다.

나는 김주희 선수의 책을 읽으며 이런 생각을 했다. 승리의 면류관을 꿈꾸는 자라면 훈련을 달게 받는다. 이기기를 다투는 자들은 연단되는 것을 두려워하지 않는다.

믿음의 길이란 사탄이라는 만만치 않는 대적을 상대하는 일이다. 효과적으로 공격하는 것도 중요하지만 영적인 맷집을 키우는 것도 중요하다. 사탄 마귀의 주먹이 정신없이 날아올 때 중요한 것은 방어다. 가드를 올려야 한다. 내게도 약한 지점이 있음을 기억하며 그곳을 지켜야 한다.

어떤 순간에도 사탄 마귀에게 결코 내어주어서는 안되는 지점이 있다. 그것은 주님을 신뢰하는 순전한 믿음이다. 동시에 사탄 마귀를 향해 날리는 펀치가 있어야 한다. 그것은 성령의 검, 곧 말씀의 검이다. 이는 게임을 끝낼 수 있는 공격무기다.

정련 없이 순금을 만들 수 없다

> 내가 가는 길을 그가 아시나니 그가 나를 단련하신 후에는 내가 순금 같이 되어 나오리라 _욥 23:10

나는 욥의 이 고백이 시편 23편보다 위대하다고 생각한다. 시편 기자는 "내가 사망의 음침한 골짜기로 다닐지라도 해를 두려워하지 않을 것은 주께서 나와 함께하심이라"라고 말한다(시 23:4). 그러나 욥은 이미 사망의 골짜기에서 해를 입었다. 해를 입어도 보통 해를 입은 것이 아니다. 그러나 여전히 그는 하나님이 함께 하심을 고백한다. 그는 자신의 삶에서 일어난 모든 과정을 하나님이 주도하시는 연단의 과정으로 받아들인다. 그리고 결국 자신이 정금과 같이 성숙한 신앙인이 될 것을 기대한다.

과연 그렇다. 우리는 우리가 가는 길을 모른다. 내 갈 길을 아는 분은 오직 하나님이시다. 그분이 때로 나를 아프게 단련하실 수도 있다. '단련'이란 그리 재미있는 단어가 아니다. 웃으며 받을 수 있는 단련이란 결단코 없다. 나 자신을 온전히 녹이는 뜨거운 풀무가 있고 불순물을 제거하는 아픈 과정이 있다. 그러나 그런 과정을 거친 후 최종적인 나의 모습은 하나님 안에서 정금으로 제련되는 것이다.

내가 만난 성도 가운데 세상에서 잘 나가는 분이 있었다. MIT 대학을 졸업하고 미 해군사관학교를 졸업한 후에 장교로 근무했던 분이다. 잘생기고 운동도 못하는 것이 없는 분이었다. 젊은 나이임에도 불구하고 실리콘벨리의 대표적인 기업에서 중요한 직책에 올랐다. 누가 봐도 성공한 삶이요 남들이 부러워할만한 분이었다. 그런데 하나님께서 그의 승승장구하는 삶에 제동을 거셨다. 고공행진만 하던 그를 바닥까지 추락하게 하셨다. 그리고 4년 정도의 혹독한 단련의 기간을 갖게 하셨다. 그는 순금처럼 제련되었다. 그가 내게 이렇게 말했다.

"목사님, 저는 사업이 잘되고 몸이 건강하면 저절로 신앙생활도 잘하게 될 줄 알았습니다. 그러나 아니었습니다. 딴짓하는 저를 발견했습니다. 저는 차가 막히면 저 때문에 막히는 줄 알았고, 차가 뚫리면 저 때문에 뚫리는 줄 알았던 사람이었습니다. 저는 교만한 사람이었습니다. 아마 이런 식으로 계속 나갔다면 지금쯤 괴물이 되어 있을 겁니다. 그러나 이제 깨달았습니다. 하나님을 떠난 성공이 성공이 아니라는 것을요. 영혼이 잘되는 것이 최우선이며 주 안에서 사람이 리모델 되는 것이 가장 큰 복이라는 것을 알게 되었습니다."

하나님은 당신의 백성을 그냥 쓰지 않으신다. 고쳐서 쓰신다.

모세도 그랬고, 다윗도 그랬다. 하나님은 당신의 백성을 연단시키는 것을 주저하지 않으신다. 단련하고 또 단련해서 정금으로 빚어지지 않으면 면류관을 장식할 수 없기 때문이다. 마치 뜨거운 열과 차가운 급냉으로 금속을 열처리하듯이 하나님은 당신의 종들에게도 영적인 열처리를 하신다. 우리 삶에 광야 같은 시간을 두시는 까닭이 바로 그것이다.

강골 크리스천으로 서라

하나님은 우리의 상태를 잘 알고 계신다. 하나님을 알면서도 하나님을 기대하지 않는 마음, 하나님 없이도 얼마든지 잘 살 수 있다는 교만을 제거하신다. 그래서 마침내는 하나님 없이는 아무것도 할 수 없다는 순전한 고백을 할 때까지 우리를 훈련시키신다. 이런 과정을 통해서 뼛속까지 하나님이 주인인 순금 같은 성도가 만들어진다. 죄에 대하여 죽고 의에 대하여 산 자가 되는 것이다. 가시에 찔리고 아우성치던 삶에서 벗어나 대못이 박히는 고통을 당해도 소리내지 않는 영적 거장이 되는 것이다. 모든 무거운 것과 얽매이기 쉬운 죄 같은 군살들이 빠지고 영적인 근육이 길러진다. 이렇게 본다면 단련은 저주가 아니라 변장된 복이다.

내 형제들아 너희가 여러 가지 시험을 당하거든 온전히 기쁘게 여기라 이는 너희 믿음의 시련이 인내를 만들어 내는 줄 너희가 앎이라 인내를 온전히 이루라 이는 너희로 온전하고 구비하여 조금도 부족함이 없게 하려 함이라 _약 1:2-4

시험을 참는 자는 복이 있나니 이는 시련을 견디어 낸 자가 주께서 자기를 사랑하는 자들에게 약속하신 생명의 면류관을 얻을 것이기 때문이라 _약 1:12

살아가다 보면 하나님이 우리를 세차게 흔들어 보시는 때가 있다. 고통스런 문제를 주셔서 굵은 눈물을 흘리게 하시는 때가 있다. 바로 그때가 믿음으로 행동할 때다. 하나님이 이런 시련을 주시는 것은 우리가 미워서가 아니라 우리를 믿어서다. 따라서 영적 싸움이 시작되었음을 인식하고 굳건히 서야 한다. 하나님이 우리에게 시련을 주시는 이유를 떠올려야 한다.

좌절하지 않고서는 다시 시작할 수 없고
넘어지지 않고서는 다시 일어설 수 없고
괴롭지 않고서는 편안할 수 없고
아프지 않고서는 나을 수 없고
상처입지 않고서는 성할 수 없고
울지 않고서는 웃을 수 없고

캄캄한 밤을 겪어보지 않고 새벽을 맞을 수 없고
사랑 아닌 것을 모르고서는 사랑을 알 수 없다

그래서 강골 크리스천, 전천후 크리스천은 태어나는 것이 아니라 만들어지는 것이다.

왕실 납품 합격

TV를 통해 영국 왕실에서 사용하는 말들을 훈련시키는 모습을 본 적이 있다. 영국 왕실에서 사용할 말들은 특정 지역에서 선별되는데 외관이나 발육 상태가 매우 훌륭하다. 선별된 말들은 강도 높게 훈련된다. 여러 단계의 훈련을 통해 기질, 근력, 지구력, 주파력 등이 측정된다.

그런데 모든 단계의 과정에서 엄격하게 적용되는 하나의 원칙이 있다. 그것은 어느 때든지 조련사가 호루라기를 불면 즉시 모든 동작을 멈추고 조련사 쪽으로 달려와야 하는 것이다.

그렇게 최종적으로 선발된 말들에게 가해지는 마지막 훈련은 가혹하다. 그것은 말들에게 며칠간 물을 주지 않는 것이었다. 말들의 고통이 극에 달했을 즈음 조련사는 물통을 내놓는다. 그러면 물 냄새를 맡고 사방에서 말들이 달려온다. 말들이 물통에 주둥이를 쳐박고 물을 마시려는 순간, 조련사는 호루라기를 분다.

"삐이이익~ 삐이이익~"

이런 상황에서 본능을 통제하는 말들은 많지 않다. 대부분의 말들이 주둥이를 쳐박고 물을 마신다. 그러나 그 순간에도 조련사를 향해 고개를 숙이고 터벅터벅 걸어오는 말들이 있다. 그런 말들에게 '왕실인증'(Royal Warrent)이 부여된다.

"Fit for the King(왕실 납품 합격)."

'이 말은 길들여졌다'라는 표현을 할 때 사용되는 영어 단어는 broken이다. 이 단어의 의미가 깊다. 좋은 말들은 부러져 있다는 것이다. 부러진 만큼이 그 말의 가치다. 종들의 가치도 마찬가지다. 주인의 뜻에 얼마나 내 자아가 부러져 있는가가 관건이다. 단련된 만큼이 종들의 가치다.

우리가 하나님의 종이라고 한다면 이런 영광스런 호칭이 주어져야 한다.

"Fit for the Christ(그리스도의 종으로 합격)!"

듣기만 했는데 눈으로 뵙습니다

내가 주께 대하여 귀로 듣기만 하였사오나 이제는 눈으로 주를 뵈옵나이다 _욥 42:5

욥기를 읽으면서 드는 질문이 있다. 욥이 당하는 고난이 실전 상황이냐 아니면 훈련 상황이냐 하는 것이다. 하나님 입장에서는 훈련 상황이겠지만, 당하는 입장에서는 가혹한 실전 상황이다.

하나님이 아브라함의 믿음을 시험하신 적이 있다. 그에게 사랑하는 독자 이삭을 번제로 바치라는 말씀이셨다. 아브라함에게는 이것도 엄청난 실전 상황이었지만 하나님이 수양을 준비하심으로 테스트를 종결시키셨다. 끝내 피를 보는 단계까지 끌고 가지는 않으셨다.

그런데 욥의 경우는 다르다. 이건 심해도 보통 심한 것이 아니다. 그래서 욥의 찰진 항변이 너무나 당연하게 들린다.

자신이 내기의 대상인 걸 알게 된다면

나는 이런 상상을 해 보았다. 욥이 세상에서의 삶을 마치고 하나님 나라에 들어가 자신이 겪었던 고통이 하나님과 사탄의 내기의 결과였다는 사실을 알았을 때, 그는 과연 어떻게 행동했을까?

고난 중에 있을 때 욥의 소원은 하루 빨리 하나님 손에 죽어 하나님 나라에 가서 자신이 당한 고난의 이유를 듣는 것이었을지도 모른다. 자신이 그토록 정성껏 섬긴 하나님이 과연 무엇이라 하실지 듣고 싶었을 것이다.

욥은 하나님을 상대로 법정소송을 제기했던 성경 최초의 인물이다. 그는 제3의 판결자를 요청하며 하나님과 자신 사이에서 누가 옳은지 판결해 달라고 했다. 그러니 아마 욥은 이렇게 말했을 것이다.

"오, 하나님 왜 하필이면 저였습니까? 어떻게 당신이 제게 그러실 수 있습니까? 제가 얼마나 지극정성으로 하나님을 섬겼는지 주님께서 잘 아시지 않습니까? 자녀들이 생일에 잔치를 베풀면 잔치가 끝난 뒤 제가 그들을 불러다가 성결하게 하되 아침에 일어나서 그들의 명수대로 번제를 드렸으니 이는 혹시 내 아들들이 죄를 범하는 마음으로 하나님을 욕되게 했을까 함이었습니다(욥 1:5). 제

행위가 항상 이러했다는 것을 누구보다 당신이 잘 아시지 않습니까? 그런데 당신이 어찌 제게 그러실 수 있습니까!

입장 바꿔 생각해 보십시오. 어린아이가 장난삼아 던지는 돌에 맞아 죽는 개구리 입장이 되어 보시란 말입니다. 그깟 소나 양, 당나귀 가져가시는 것이 뭐가 대수겠습니까? 하지만 제 믿음을 시험해 보시기 위해서 굳이 자식들 열 명을 모두 데려가셔야 했습니까? 저는 당신이 사탄하고 내기한 까닭에 세상에서의 삶이 하나도 즐겁지 않았습니다. 평생 고통과 한을 가슴에 안고 살아가야 했습니다. 제 인생 다시 돌려놓아 주십시오!"

그런데 욥은 이렇게 하지 않았다. 그가 하나님을 뵈었기 때문이다.

만나면 대들고 따지고 싶었는데

폭풍 속에서 하나님이 욥에게 나타나셨다. 그리고 말씀하신다. 그런데 하나님의 말씀이 다정다감하지 않다. 속사포처럼 욥에게 물으시는 71개의 질문은 창조주와 피조물 간의 질적 차별성에 기인한 것이어서 한결같이 욥이 대답할 수 없는 것들이다.

하나님은 욥이 그토록 듣고 싶은 고통의 원인에 대해서는 단 한 말씀도 설명하지 않으셨다. 그런데 이상한 것은 욥이 그런 하나님의 말씀에 납득했다는 사실이다. 하나님의 말씀이 끝났을 때 욥은 이렇게 말한다.

> 주께서는 못 하실 일이 없사오며 무슨 계획이든지 못 이루실 것이 없는 줄 아오니 무지한 말로 이치를 가리는 자가 누구니이까 나는 깨닫지도 못한 일을 말하였고 스스로 알 수도 없고 헤아리기도 어려운 일을 말하였나이다 내가 말하겠사오니 주는 들으시고 내가 주께 묻겠사오니 주여 내게 알게 하옵소서 내가 주께 대하여 귀로 듣기만 하였사오나 이제는 눈으로 주를 뵈옵나이다 _욥 42:2-5

욥이 왜 갑자기 이렇게 되었을까? 욥은 하나님 앞에서 꼬리를 내린다. 하나님이 나타나시면 대들 줄 알았다. 도대체 내게 왜 그러셨느냐고 따질 줄 알았다. 그런데 욥은 하나님 앞에 무릎을 꿇는다. 목소리를 낮추고 잿더미 위에서 회개한다고 말했다. 그러므로 욥은 하나님을 뵈었을 때 이렇게 말했을 것이다.

"오, 하나님 이제야 모든 것을 알게 되었습니다. 하나님, 왜 저였습니까. 어쩌자고 저였습니까? 하나님은 못난 제가 그렇게 자랑스러우셨습니까? 당신의 자존심과 명예를 거시면서까지 사탄에게 내어줄 정도로 제가 그렇게 미더운 존재였습니까? 만에 하나 제가 하나님을 욕하고 죽기라도 했다면 어쩌시려고 그렇게 위험하고도 무모한 내기를 하셨습니까? 부끄럽습니다. 주님, 그것도 모르고 무지한 말로 주님의 이치를 가리고 거칠고 투박하게 맞선

죄를 회개하나이다."

빌리 그래함 목사님은 신앙생활이란 'Why Me?'에서 출발하여 'Why Me!'에 이르는 여정이라 하셨다. 첫 번째 'Why Me'(왜 나를?)는 불평의 'Why Me'다. 많은 사람들 가운데 하필이면 왜 나를 택하셔서 이 고통을 당하게 하시느냐는 원망 섞인 말이다. 그러나 두 번째 'Why Me'는 깨달음의 'Why Me'다. 그것은 감사와 회개의 의미를 내포한 말이다. 왜 하필이면 많은 사람들 가운데 나를 택하셔서 감당할 수 없는 은혜를 주시느냐는 깨달음의 'Whe Me'다.

1차적 신앙과 2차적 신앙

이화여대 기독교학과 양명수 교수는 《욥이 말하다》라는 책에서 이렇게 말했다.

> 하나님은 우리의 전적 타자요. 신비가 아니던가. 다 알아서 믿는 것이 아니라 믿으며 알아가며 믿어가는 것이 아닌가. 그것이 믿음의 아름다움이 아닐까? 믿음은 다 아는 것이 아니다. 재앙과 고난 속에 담긴 하나님의 뜻, 다 설명될 수 없는 부분을 그대로 안고 믿음의 순례는 계속되는 것이다.
>
> _양명수, 《욥이 말하다》

이화여대 기독교학과 손운산 교수는 욥의 깨달음을 가리켜 '2차적 신앙의 형성'이라고 했다.

> 위기를 당한 사람은 처음에는 1차적 신앙을 가지고 대응하지만 시간이 지나면서 새로운 형태의 신앙, 즉 2차적 신앙이 형성됩니다. 2차적 신앙은 새로운 현실과의 만남 혹은 경험을 통해 새롭게 구성되는 신앙입니다. 하나님은 전능하시고 사랑이 많으신 분이라는 것이 1차적 신앙을 구성하는 중요한 요소라고 생각해 봅시다. 위기를 당하게 되면 이 신앙이 흔들리게 됩니다.
>
> 어린 아기가 질병이나 다른 이유로 사망했다면 '왜 전능하신 하나님이 이 아이를 지켜주지 않으셨나' 혹은 '하나님은 정말 사랑의 하나님이 맞나' 하는 의문을 갖게 됩니다. 마치 삼각형이 거꾸로 선 것처럼 흔들리고 불안정하여 이 1차적 신앙 위에서는 도저히 자신을 재구성할 수 없다는 것을 알게 됩니다. 바로 이때가 2차적 신앙이 형성되는 때입니다. 2차적 신앙은 1차적 신앙보다 삶을 훨씬 더 힘 있게 지탱시켜 줍니다
>
> _손운산, 《따뜻한 경험, 흐뭇한 이야기》

그 분의 말에 의하면 1차적 신앙과 2차적 신앙을 이렇게 정리할 수 있겠다.

1차적 신앙은 내 문제를 해결하는 것이 우선인 신앙이다.

2차적 신앙은 하나님의 뜻을 구하는 것이 우선인 신앙이다.

1차적 신앙은 시선이 내게 두어진 신앙이다.

2차적 신앙은 시선이 하나님께 두어진 신앙이다.

1차적 신앙은 이해되어야만 믿는 신앙이다.

2차적 신앙은 이해되지 않아도 믿는 신앙이다.

1차적 신앙은 밝을 때만 노래하는 신앙이다.

2차적 신앙은 캄캄한 밤에도 노래할 수 있는 신앙이다.

1차적 신앙은 남이 말하는 하나님을 믿는 신앙이다.

2차적 신앙은 내가 경험하여 아는 하나님을 믿는 신앙이다.

1차적 신앙은 형통한 환경을 바라는 신앙이다.

2차적 신앙은 내가 형통한 사람이 되기를 바라는 신앙이다.

1차적 신앙은 귀로만 들었던 하나님이다.

2차적 신앙은 눈으로 뵙는 하나님이다.

나는 하나님께서 욥을 어떻게 맞아주셨을까 묵상해 보았다. 하나님은 아마도 욥이 천국에 들어오는 날, 문 밖까지 마중을 나가셔서 두 팔로 욥을 안아주셨을 것이다. 하나님뿐만 아니라 하늘의 허다한 천군과 천사들이 우렁찬 찬양으로 욥을 맞이했을 것이다. 창조주의 자존심과 천국의 영광을 지킨 위대한 피조물의 귀환이 아니던가! 하나님은 욥에게 이렇게 말씀하셨을 것이다.

"욥아. 참 잘 왔다. 그리고 너 참 잘 견디었다. 나는 네가 모든 것을 잃고 고통당할 때 떨리는 마음으로 너를 지켜 보았다. 네가 열 명의 자녀를 잃고서 몸부림치며 울 때 나는 마음이 찢어질 듯이 아팠다. 나 역시 너처럼 아들을 잃은 슬픔을 아는 아버지가 아니더냐. 사랑하는 나의 독생자 예수가 골고다 언덕 십자가에서 못 박히던 날, 왜 날 버리시느냐고 내 이름을 부르며 간청했건만 나는 그 소리를 못 들은 척했다. 왜 그랬는지 아느냐. 그것은 바로 욥, 내가 아들을 내어주고 바로 너를 얻기 위해서였다."

하나님의 고통과 내 삶의 가치

페루의 시인 세자르 바예호는 하나님의 사랑을 묵상하면서 세 줄의 시를 남겼다.

내가 태어나던 날
하나님은 아프셨다
거의 죽도록

내가 태어나지 않았으면 하나님은 독생자를 내어주실 필요가 없다. 그러나 불행히도 내가 태어났고, 하나님의 고민이 시작되었다. 나를 향한 사랑이 과연 독생자 예수를 내어줄 만한 것인가를 고민하시다가 하나님은 죽도록 아프셨다. 하나님의 결론은 독생자 예수를 십자가 죽음에 내어주고 내 죄 값을 치르게 하는 것이었다.

이것이 하나님의 사랑이며, 내가 오늘 용기 있게 살아갈 수 있는 이유이자 내 삶의 가치다. 욥은 하나님을 뵙고 그 자리에 주저앉아 통곡했을 것이다. 욥의 통곡은 만감이 교차하는 통곡이다. 하나님은 욥이 흘리는 눈물을 친히 닦아 주셨을 것이다.

우리 주 예수 그리스도의 하나님, 영광의 아버지께서 지혜와 계시의 영을 너희에게 주사 하나님을 알게 하시고 너희 마음의 눈을 밝히사 그의 부르심의 소망이 무엇이며 성도 안에서 그 기업의 영광의 풍성함이 무엇이며 그의 힘의 위력으로 역사하심을 따라 믿는 우리에게 베푸신 능력의 지극히 크심이 어떠한 것을 너희로 알게 하시기를 구하노라 _엡 1:17-19

사도 바울은 성도들이 보이지 않는 것에 눈 뜨기를 기도했다. 그것이 종들이 누릴 신령한 복이기 때문이다. 보이지 않던 것들이 보이면 신앙생활에 능력이 나타나기 시작한다. 영적인 세계에 눈이 떠지면 육적인 세계가 두렵지 않게 된다. 진짜 두려워해야 할 것이 무엇인지 알게 된다. 발걸음이 좌우로 치우치지 않게 되고, 시선이 주님께 고정된다. 바랄 수 없는 중에 바라고, 믿을 수 없는 중에 믿게 된다.

지극한 고통 때문에 하나님을 욕하고 떠나려는 마음이 들었던 적이 있는가? 조용히 눈을 감고 마음의 눈을 뜨기를 바란다. 내 안에서 들리고 보이는 세미한 음성과 환상이 있을 것이다. 그 소리에 귀를 기울여 보라. 그 환상을 응시해 보라. 어떤 분의 음성과 모습이 보일 것이다. 만일 그분의 손에 못자국이 있고 옆구리에 창자국이 있다면 그분 앞에 무릎을 꿇어라. 그분이 바로 당신을 향한 하나님의 최종 선물이시다. 내가 흘린 눈물의 진정한 보상이 되시는 분, 그분이 바로 살아 계신 하나님의 아들, 예수 그리스도시다.

16

티끌과 재 가운데서 회개합니다

내가 스스로 거두어들이고 티끌과 재 가운데에서 회개하나이다

_욥 42:6

2009년도에 산호세에서 개척교회를 시작하기로 결심했을 때 아버지는 나를 많이 염려해 주셨다. 성도 한 명도 없이 개척하게 될 내가 적잖이 걱정되셨나 보다. 당시 아버지가 들려 주신 말씀이 더없는 용기가 되었다.

1963년에 있었던 일이다. 신학교를 갓 졸업한 아버지는 강원도 홍천군 산골 교회로 파송되셨다. 성도수가 열 명 남짓한 교회였다. 예배당은 비가 새어 들어왔고, 발걸음을 옮길 때마다 마루바닥에서 삐걱거리는 소리가 났다. 다 쓰고 버린 산소 용접통을 말뚝에 거꾸로 매단 것이 종탑이었다. 그걸 망치로 때리면 그 소리가 사방

십리를 갔다. 수요예배 30분 전에 예종을 치면 그 소리를 듣고서 맞은편에서 산뽕잎을 따느라 하루종일 산속을 헤매고 다녔을 속장님이 뽕자루를 머리에 이고 들고 뛰는 모습이 보였다.

"나는 당신들에게 과분한 존재"

속장님네는 양잠을 하셨는데 규모가 영세하고 방식이 열악했다. 산뽕잎을 먹고 자란 속장님네 누에고치는 텃밭에 뽕나무를 심어 키운 농가와는 경쟁조차 되지 않았다. 뽕잎을 무섭게 먹어치우는 누에고치를 키우느라 고생을 죽도록 하셨다.

저녁식사도 못하신 채, 뽕자루를 교회 마당에 내려놓고 예배에 참석한 속장님은 머리를 찧어가며 조셨다. 교인들 대부분의 형편이 거기서 거기였다. 그런 성도들을 보면서 전도사였던 아버지는 절망스러우셨다고 한다.

'여기서 내 설교를 제대로 이해할 수 있는 사람들이 몇 명이나 될까.'

이런 생각은 '당신들에게 나는 과분한 존재다'라는 교만함으로 이어졌다.

그러던 어느 날, 한 해 동안 기른 양잠 농가에 등급을 매기기 위해 농협 검수요원이 파견되어 나왔다. 속장님은 검사를 받으러 가기 전에 교회 사택에 들러 좋은 등급을 받게 해달라고 기도를 부탁하셨다. 아버지는 속장님을 위해 간절히 기도했다. 한 시간쯤 지났을까, 호들갑스럽게 외치는 속장님 목소리가 들렸다.

"전도사님, 제가 '수급'(首級, 가장 우수한 등급)을 맞았어요!"

속장님은 기쁨을 주체하지 못하셨다. 속장님은 엉거주춤 마당으로 나서는 아버지의 소매를 끌고 농협 공판장으로 데리고 갔다. 속장님은 공판장으로 향하는 내내 벙글거리셨다. 속장님은 농협 공판장에서 아버지에게 검정색 넥타이와 어른 주먹 두 개 합친 것만한 큼지막한 사과를 사주셨다. 당시 목회자들이 매는 넥타이는 무조건 검정색이었다고 한다.

그리고 속장님은 전표를 창구에서 돈으로 바꾸더니 그 자리에서 침을 탁탁 뱉어가며 돈을 세어 십일조라며 건네셨다. 그것은 속장님의 한 해 매출이었고, 그 매출의 십일조였기에 속장님에겐 거금이었을 것이다.

속장님으로부터 받은 십일조를 점퍼 안쪽에 깊숙이 찔러 넣고 오른손에는 검정색 넥타이와 왼손에는 사과 봉투를 들고 교회로 올라오면서 아버지는 진한 행복감을 느꼈다. 그때 아버지는 '하나님은 절대적으로 내 편이시다. 세상에 나처럼 신령한 목회자가 없고, 내 비록 전도사지만 열 목사 못지 않은 빳빳한 영성을 가졌노라' 싶은 생각이 들었다고 한다. 그리고 설교시간 내내 조는 것밖에 할 줄 몰랐던 속장님이 그렇게 귀하게 보일 수가 없었다. 그 순간, 이런 생각이 들었다.

'이런 속장 하나만 앉혀놓고 평생 목회하라고 해도 할 수 있을 것 같습니다.'

주의 종을 향한 주님의 기대

아버지는 44년을 목회하시고 은퇴하셨다. 목회 일선에서 물러나신 아버지가 평생 가장 기억에 남는 성도가 누구였을까 생각해 보니, 그 산뽕잎 따시던 황 속장님 얼굴이 떠오르셨다고 했다.

자신이 수고해서 좋은 등급을 받은 것이 아니라 우리 전도사님이 기도해 주셔서 그리 된 것이라 믿으셨던 절대적인 확신, 그만하면 됐다는 데도 굳이 사과 한 알을 더 집어 넣으려 하시던 그 착한 마음, 전도사가 보는 앞에서 봉투를 까보이며 십일조를 세시는데 하나도 떨림이 없던 그 손가락, 전표를 흔들며 전도사님 나와보라고 외치던 그 기쁨 가득한 목소리.

엘리야에게 사르밧 과부가 그런 여종이었을까, 엘리사에게 수넴 여인이 그런 여종이었을까, 예수님의 발 앞에 옥합을 깨뜨린 여인이 그런 여인이었을까.

"두려워하지 마라, 아들. 하나님께서 반드시 너에게도 좋은 교인을 붙여주실 게다."

나는 아버지로부터 이런 말씀을 들으며 아버지와 황 속장님이란 분에 대해 생각해 보았다.

'한 사람을 놓고도 평생 목회를 할 수 있을 것 같다는 전도사의 생각은 얼마짜리일까, 황 속장님이란 분의 교회를 위한 헌신은 얼마짜리일까, 하나님이 아버지를 격려하기 위해서 황 속장님으로 변장한 천사를 보내신 것은 아닐까, 앞으로 힘든 목회 여정을 감당할 종에게 목회는 이런 맛에 하는 것이란 걸 황 속장님을 통해 알게 하시려고, 목회 시작 지점부터 불쌍히 여겨주신 것은 아닐까.'

네 양 떼의 형편을 부지런히 살피며 네 소 떼에게 마음을 두라

_잠 27:23

한 생명이 천하보다 귀하다고 했다. 그 한 생명을 위하여 하나님의 아들이 십자가를 지셨다. 그리고 하나님은 그 한 생명을 섬기라고 나를 목회자로 세우셨다. 내가 부름받아 나선 몸이라면 그 한 생명을 위해 목숨을 바치는, 예수님 닮은 선한 목자가 되어야 한다. 이 마음이야말로 목회하는 모든 주의 종들을 향한 아버지 하나님의 기대일 것이다.

하나님의 영적 진단서

그런데 아골 골짝 빈 들까지 복음들고 가겠다 했던 우리, 멸시천대 십자가는 제가 지고 가겠다 했던 우리의 지금 형편을 돌아 보

면 어떤가. 영 자신이 없다. 열정으로, 감사로 시작했던 일들이 시간이 지나면서 점차 시들해졌고, 요령을 피우며 타성에 젖어 있지는 않은가? 주인이 쓰시기에 쉬운 막종이 되어야 하는데 쓰기 까다롭고 말만 많은 종이 되어 있는 것은 아닐까? 성령님은 그런 우리에게 경종을 울리신다. 회개하라 하신다.

요한계시록은 소아시아 7개 교회에 보내는 성령님의 음성으로 시작한다. 성령님은 각 교회의 상태를 정확히 알고 계셨다.

그러나 너를 책망할 것이 있나니 너의 처음 사랑을 버렸느니라 _계 2:4

에베소 교회는 잘하는 것이 많은 교회였다. 이 교회는 행위와 수고와 인내 부분에서 좋은 평점을 받았다. 악한 자들을 용납하지 않았고, 자칭 사도라 하는 자들을 시험하여 그의 거짓된 것을 드러낸, 영이 맑은 교회였다. 그러나 한 가지 흠이 있었다. 그것은 처음 사랑을 버렸다는 것이다.

교회의 타락은 이렇게 시작한다. 마음에 균열이 생기는 것이다. 이것을 암의 진행 상황에 비유하자면 영적 암 초기에 해당한다고 볼 수 있다. 1기 암이다. 초기에 치료하면 완치될 수 있지만 방치하면 더욱 심각해질 수 있다.

그러나 네게 두어 가지 책망할 것이 있나니 거기 네게 발람의 교훈을 지키는 자들이 있도다 발람이 발락을 가르쳐 이스라엘 자손 앞에 걸림돌을 놓아 우상의 제물을 먹게 하였고 또 행음하게 하였느니라 이와 같이 네게도 니골라 당의 교훈을 지키는 자들이 있도다 _계 2:14-15

버가모 교회는 에베소 교회보다 조금 더 많은 지적을 받았다. 이 교회는 영적 간음 단계에 접어 들고 있었다. 발람의 교훈과 니골라 당의 교훈은 다른 가르침이다. 이것은 암 2기에 해당한다고 볼 수 있다.

그러나 네게 책망할 일이 있노라 자칭 선지자라 하는 여자 이세벨을 네가 용납함이니 그가 내 종들을 가르쳐 꾀어 행음하게 하고 우상의 제물을 먹게 하는도다 또 내가 그에게 회개할 기회를 주었으되 자기의 음행을 회개하고자 하지 아니하는도다 볼지어다 내가 그를 침상에 던질 터이요 또 그와 더불어 간음하는 자들도 만일 그의 행위를 회개하지 아니하면 큰 환난 가운데에 던지고 또 내가 사망으로 그의 자녀를 죽이리니 모든 교회가 나는 사람의 뜻과 마음을 살피는 자인 줄 알지라 내가 너희 각 사람의 행위대로 갚아 주리라 _계 2:20-23

두아디라 교회는 잘하는 것보다 잘못하는 것이 더 많은 교회였다. 에베소 교회가 옥의 티를 가졌다면, 두아디라 교회는 티에 옥을 가진 격이었다. 주님은 종들의 몸을 귀하게 생각하신다. 우리 몸은 성령이 거하시는 전이다. 거룩하고 깨끗해야 한다. 그런데 우리가 육체로 음행한다면 이건 영적인 간음보다 더 진행된 단계다. 영적 암 3기에 해당한다고 볼 수 있다.

> 내가 네 행위를 아노니 네가 살았다 하는 이름은 가졌으나 죽은 자로다 너는 일깨어 그 남은 바 죽게 된 것을 굳건하게 하라 내 하나님 앞에 네 행위의 온전한 것을 찾지 못하였노니 _계 3:1-2

사데 교회는 성령님이 정확히 진단을 내리신 교회로, 이 교회는 뇌사 상태였다.

> 내가 네 행위를 아노니 네가 차지도 아니하고 뜨겁지도 아니하도다 네가 차든지 뜨겁든지 하기를 원하노라 네가 이같이 미지근하여 뜨겁지도 아니하고 차지도 아니하니 내 입에서 너를 토하여 버리리라 네가 말하기를 나는 부자라 부요하여 부족한 것이 없다 하나 네 곤고한 것과 가련한 것과 가난한 것과 눈 먼 것과 벌거벗은 것을 알지 못하는도다 _계 3:15-17

라오디게아 교회는 이미 교회도 아닌 교회였다. 잘하는 것이 하나도 없는 교회였다. 저들 교회 안에 예수님은 계시지 않았다. 예수님이 계시지 않은 교회를 교회라고 할 수 있을까. 예수님은 교회 밖에 서서 문을 열라고 두드리고 계셨다. 그런데 그 음성을 듣는 성도가 한 사람도 없었다. 그러면서도 '나는 부자라 부족한 것이 없다'라는 착각 속에 살고 있었다. 라오디게아는 이미 사망선고를 받았다.

지금 우리의 형편이 이런 7가지 경우 중의 하나는 아닌가? 서머나 교회나 빌라델비아 교회처럼 건강하든지 아니면 병든 5개의 교회 중 어느 하나이든지. 병든 5개 교회에 공통적으로 하시는 성령님의 권면은 '회개하라'는 것이었다.

- 에베소 교회: 어디서 떨어졌는지를 생각하고 회개하여(계 2:5).
- 버가모 교회: 그러므로 회개하라 그리하지 아니하면 내가 네게 속히 가서 내 입의 검으로 그들과 싸우리라(계 2:16).
- 두아디라 교회: 만일 그의 행위를 회개하지 아니하면 큰 환난 가운데에 던지고 또 내가 사망으로 그의 자녀를 죽이리니(계 2:22-23).
- 사데 교회: 그러므로 네가 어떻게 받았으며 어떻게 들었는지 생각하고 지켜 회개하라 만일 일깨지 아니하면 내가 도둑같이 이르리니 어느 때에 네게 이를는지 네가 알지 못하리라(계 3:3).
- 라오디게아 교회: 무릇 내가 사랑하는 자를 책망하여 징계

하노니 그러므로 네가 열심을 내라 회개하라(계 3:19).

나는 주의 종들이 해야 하는 매일의 숙제가 우리에게 들러붙은 죄악의 요소들을 발견하고 씻어내는 것이라고 믿는다. 주의 종들은 예수님을 주인으로 섬긴다고 말은 하면서도 여전히 주인의 뜻을 이루어 드리지 못한 불충을 회개해야 한다. 그리고 다시 빛과 소금이 되어 세상에 서야 한다. 믿음의 공동체에 진실로 회개하고 변화된 한 사람이 있다면 그가 속한 공동체는 싹 달라진다. 이것이 복음의 능력이다.

세상이 크리스천을 욕하는 엉뚱한 이유

우리가 회개하고 다시 빛을 발하기 시작할 때 어둠의 세력들은 그런 우리를 공격할 것이다. 그러나 우리가 지속적으로 빛을 발할 때 공동체는 그 한 사람으로 인하여 변하게 되어 있다. 전능자 하나님이 이 땅에 왔다 가셨다. 십자가와 부활의 능력은 우리로 하여금 죄 하나 이기지 못하게 하는 허약한 것이 아니다. 지금까지 우리가 그 빛을 숨기고 살아 왔다면 회개해야 한다.

예수님을 믿는다는 것은 나의 정체를 밝히 드러내는 것이다. 여기에 신앙생활의 능력이 있다. 교회 안에서만 내가 집사요 권사인 것을 알아서는 안된다. 이웃 사람들이나 직장 동료가 내가 신앙인인 것을 모른다면 그것은 드러내는 신앙이 아니다. 집안 사람이, 동네 사람이, 모든 사람이 그리고 하늘에 계신 하나님이, 그리고 지옥에 있는 사탄 마귀가 내가 빛으로 서 있는 것을 알아야 한다.

지금까지 우리의 신앙생활이 허접해진 까닭은 감출 수 없는 빛을 감추고 살았기 때문이다. 빛을 감추고 사는 사람들을 등화관제 크리스천, 007 크리스천, 스파이 크리스천이라 부른다.

하나님의 사람들이 멋진 빛을 발할 때 세상은 그런 사람들을 무척이나 미워할 것이다. 부담스러워할 것이다. 그러나 겉으로 내색을 하지 않아도 저들은 속으로 엄청난 감동을 받고 있는 중이라는 것을 알아야 한다. 세상이 크리스천을 욕하는 것은 저들이 진짜 빛을 발하는 크리스천을 보았기 때문이다. 욕하기도 아까운 대상이라면 욕하지 않는다. 그런데 저들이 크리스천을 욕하는 것은 멋진 크리스천을 보았기 때문이다.

다니엘서 6장 18절에 보면 다니엘을 사자굴에 던져 놓은 다리오 왕이 다니엘이 죽을까봐 그 밤에 한잠도 자지 못하는 장면이 나온다.

> 왕이 궁에 돌아가서는 밤이 새도록 금식하고 그 앞에 오락을 그치고 잠자기를 마다하니라 _단 6:18

다리오 왕은 다니엘이 빛인 것을 알았다. 그래서 자기가 다니엘을 사자굴에 던져놓고도 다니엘이 죽으면 어떡하나 심히 걱정했던 것이다. 빛은 어둠을 감동시킨다.

원망하기 전에 생각할 것들

하나님을 만난 욥은 회개한다. 자기가 무지한 말로 하나님께 항변했던 것을 회개한다. 욥은 고통 중에 하나님께 이렇게 항변했다.

> 내가 난 날이 멸망하였더라면, 사내 아이를 배었다 하던 그 밤도 그러하였더라면, … 어찌하여 내가 태에서 죽어 나오지 아니하였던가 어찌하여 내 어머니가 해산할 때에 내가 숨지지 아니하였던가 어찌하여 무릎이 나를 받았던가 어찌하여 내가 젖을 빨았던가 … 어찌하여 고난 당하는 자에게 빛을 주셨으며 마음이 아픈 자에게 생명을 주셨는고 … 내가 두려워하는 그것이 내게 임하고 내가 무서워하는 그것이 내 몸에 미쳤구나 나에게는 평온도 없고 안일도 없고 휴식도 없고 다만 불안만이 있구나 _욥 3:3, 11-12, 20, 25-26

그러나 하나님은 욥이 태어난 그날이 있게 하기 위해서 우주 만물을 움직이셨다. 욥이 태어난 날이 멸망하지 않도록, 남아를 배었다 하던 밤이 무사하도록, 그날이 캄캄하지 않도록 해와 달을 움직이신 하나님, 새벽 별들이 어둡지 않도록 붙드신 하나님, 욥이 태에서 죽어 나오지 않도록 보호하신 하나님, 욥의 어미가 욥을 사산하지 않도록 산모에게 힘을 주신 하나님, 욥을 받는 산파에게 함께하시어 어린 아기 욥을 잘 받을 수 있도록 하신 하나님.

그 하나님은 욥뿐만 아니라 그날에 새끼를 밴 모든 산 염소와, 산달이 차가는 동물들의 날까지 보고 계시며 세고 계셨다. 욥이 울부짖으며 자기가 태어난 생일을 저주했을 때, 하나님은 침묵하며 들으셨지만 참으로 섭섭하셨을 것이다. 그날 하나님은 피조세계를 운행하시는 부담감을 가지고 욥의 탄생을 준비하셨다. 하나님이 욥에게 속사포처럼 던지신 71개의 질문은 욥을 위해서 하나님이 어떤 일을 하고 계셨는가를 간접적으로 깨닫게 하심이다.

> 공중의 새를 보라 심지도 않고 거두지도 않고 창고에 모아들이지도 아니하되 너희 하늘 아버지께서 기르시나니 너희는 이것들보다 귀하지 아니하냐 … 오늘 있다가 내일 아궁이에 던져지는 들풀도 하나님이 이렇게 입히시거든 하물며 너희일까보냐 믿음이 작은 자들아 그러므로 염려하여 이르기를 무엇을 먹을까 무엇을 마실까 무엇을 입을까 하지 말라 이는 다 이방인들이 구하는 것이라 너희 하늘 아버지께서 이 모든 것이 너희에게 있어야 할 줄을 아시느니라
>
> _마 6:26, 30-32

우리는 우리가 이해할 수 있는 정도의 면적에서만 하나님을 이

해하려고 한다. 그래서 이해가 안 되면 불평하고 원망한다. 무엇을 먹을까 무엇을 마실까 무엇을 입을까 염려하게 되는 것도 우리가 알고 있는 세계가 너무나 좁기 때문이다. 만일 우리가 감당할 수 있는 것, 혹은 설명할 수 있는 것으로 이 세상의 본질을 추정한다면 우리는 아주 작은 세계에서 살게 될 것이다. 그러나 우리에게는 우리의 생각 너머에서 역사하시는 아버지 하나님이 계시다. 그분이 우리의 주인이시다.

감히 우리의 작고 좁은 소견으로 이러쿵 저러쿵 하나님에 대해 불평하는 태도는 주제넘은 일이다. 깨달았다면 회개하고 다시 발걸음을 돌려야 한다. 다시 주님이 기뻐하실 종의 모습을 견지해야 한다.

하나님을 향해 우리가 할 수 있는 일이란 그 이름 앞에 영광 돌리며 찬양하는 사람이 되는 것이다. 그분이 우리에게 기대하시는 바가 있다. 그것은 순전하고 정직하며 하나님을 경외하고 악에서 떠난 종들이 되는 것이다. 하나님이 욥처럼 자존심을 걸만한 종들이 되는 것이다. 사탄에게도 맘 놓고 건드려보라고 말할 수 있는 멸종되지 않은 종들이 있다는 것을 보여드리는 우리가 되어야 한다.

이런 종들이 지구상 어느 곳에 단 한 사람이라도 남아 있다면 그가 하나님 나라의 영광이다. 당신과 내가 그런 자랑스런 종들의 반열에 서기를 기도한다.

나를 응원해주시는 나의 주인님

어떤 목사님으로부터 재미있는 이야기를 들었다. 목사님은 동네에서 초등학교 다음으로 큰 건물인 교회의 담임이었다. 그래서 초등학교 운동회 날 지역 유지로 초청되어 가슴에 꽃을 달고 본부석 교장 선생님 옆자리에 앉으셨다. 운동회 날의 하이라이트는 뭐니뭐니해도 800미터 이어달리기다. 청팀, 백팀에서 선발된 나름 내로라 하는 준족들이 뽑혀 겨루는 시간이다. 목사님의 막내아들 병구도 청팀의 마지막 주자로 뛰게 되었다고 했다.

"타~앙!" 하는 출발 총성이 울리자 선수들이 일제히 뛰어 나가는데 그것을 앉아서 볼 수 없더라고 했다. 목사인 체면이 있으므로 최대한 젊잖게 목을 길게 빼고서 쳐다보는데 손에 땀이 쥐어지더란다. 그러면서도 시선은 자꾸 자신이 뛸 차례를 기다리며 몸을 푸는 아들 병구가 있는 곳에 두어지더란다.

바통이 다음 주자에게로 하나씩 둘씩 건네지고 드디어 마지막 주자들이 뛸 차례가 되었다. 목사님은 아들 병구가 몇 번째로 달려나가는가 보았는데 4등으로 달려 나가더란다. 힘차게 팔을 저으며 달리던 병구가 앞에 가던 선수 하나를 제끼면서 3등으로 올라섰다. 목사님 가슴에 불이 일어났다. 체면 불구하고 자리에서 일어나 손수건을 흔들면서, "잘한다, 병구야! 달려라 달려!" 하고 소리를 지르고 싶었으나 그렇게 하지는 못하셨다. 옆에 교장 선생님과 정숙하신 내외 귀빈들이 앉아 계셨기 때문이다.

그런데 다음 순간 병구 앞에서 2등으로 달리던 녀석이 넘어지더란다. 그 순간 지켜보던 모든 사람들 입에서 "어이쿠! 저걸 어째!" 하는 탄식이 흘러 나왔다. 그런데 목사님 입에서는 "할렐루야!" 하는 소리가 나오더란다. 그리고 이어지는 다음 생각, '한 놈 더 자빠졌으면 좋겠다!'

목사님이 자빠졌으면 좋겠다는 그 한 놈은 누구일까?

내가 성도들에게 좋은 선물인가

이 책을 구상하고 초고를 마무리해 갈 무렵 서울의 어느 교회로부터 청빙을 제의 받았다. 당시 내 사정을 보자면 새로운 미국 교회를 빌려 성전 이전 예배를 막 마친 시점이었다.

한국에 들어가서 목회할 수 있는 길이 열리면 기도해 보자고 아내와 이야기를 나누기는 했었다. 아내는 북한선교의 비전이 있다. 당시로서는 막연한 이야기라고 생각했는데 하나님의 인도하심이 느닷없었다. 일면식도 없었던 개포감리교회 안성옥 담임목사님으로부터 청빙제의를 받은 것이다.

긴 고민이 시작되었다. 나의 한국 귀국을 미국의 성도들이 많이 아파할 것 같았다. 실제로 그랬다. 두 번 다시 못할 것이 성도와 헤어지는 일이구나 싶었다.

안성옥 목사님은 이 교회를 개척하시고 32년 동안 목회하셨다. 목사님은 성도들에게 좋은 선물을 주고 싶다고 하셨다. 자신이 가장 잘 아는 성도들에게 가장 적합한 후임 목회자를 선정하여 물려주길 바라셨다. 공개 청빙은 염두에 없으셨다. 영적 지도자를 세우는 거룩한 일인데 채용하듯 하고 싶지 않으셨다. 아울러 청빙 과정에서 교회가 몸살을 앓는 것을 많이 보셨기 때문이다. 장로님들은 담임목사님의 이런 뜻에 동의해 주었다. 서로간에 신뢰가 있었기에 가능한 일이었을 것이다.

안 목사님과 작년(2016년) 8월 말 단 한 차례의 만남을 가진 이후, 목사님은 어떤 다짐이나 충고도 없이 내게 깨끗하게 교회를 넘겨 주셨다. 3년 더 목회하실 수 있지만 은퇴를 선언하시고 제주도로 이사 가셨다. 요즘 세상에 이런 목사님이 또 있을까.

안성옥 목사님은 개포감리교회 성도들에게 주는 선물이 이상혁 목사라고 말씀해 주셨다. 내가 성도들에게 선물이란다. 이것처럼 부담스러운 것이 없다. 선물은 받는 사람이 선물로 인정할 때 비로소 선물로서 가치를 지닌다. 주는 사람은 선물이라고 주었는데 받는 사람이 선물로 여기지 않으면 선물이 아닌 거다.

우리는 그동안 얼마나 시시한 선물을 많이 받아 왔는가. 성에 차지 않는 선물을 받아들였지만 선물한 사람의 성의를 봐서 진짜 사려고 했던 것이라고 얼마나 거짓말을 하지는 않았는가?

내가 성도들에게 계속해서 좋은 선물일 수 있을까. '선물이 뭐 이렇게 시시해' 하는 성도는 없을까?

어떤 원로목사님께서 이런 말씀을 하셨다.

"목회 시작하고 10년까지는 아무것도 모르고 합니다. 20년까지는 남의 것 베끼면서 합니다. 30년까지는 하면서 자꾸 틀립니다. 그러다가 40년차를 넘어서면 목회가 뭔지 알 것 같습니다. 이제부터는 주님이 원하시는 대로 제대로 잘할 것 같은 생각이 듭니다. 그런데 성도들이 은근히 퇴짜(은퇴)를 놓기 시작합니다."

내가 서리 전도사 파송을 받은 것이 1991년이다. 목회한 지도 햇수로 26년 되어간다. 목회하면서 자꾸 틀리는 시기를 지나고 있는 거다. 그런데 지금의 내 형편을 보자면 여전히 아무것도 모르겠고 남의 것 베끼기도 하고 자꾸 틀리는 것도 많고 세 가지가 다 있다. 조금 일찍 철들어 은퇴할 때까지 제대로 사명을 잘 감당하기를 바랄 뿐이다.

불쌍한 종을 응원해 주시는 분

하나님이 어떤 분이시냐고 묻는다면 그분은 나를 응원하시는 분이라고 말하겠다. 내가 부족한 것이 많은 종이라는 것을 그분이 아신다. 그런데도 그런 나를 응원하신다. 아들 병구를 응원하며 한 놈 더 자빠졌으면 좋겠다고 생각하는 그 마음으로, 아들을 향한 절대적인 애착으로 그렇게 하나님은 나를 응원하신다고 믿는다.

나는 부족하지만 하나님은 그런 나를 채우신다. 그 응원에 힘입어 또 한번 용기를 내어 책을 썼다.

하나님은 다시 한 번 나와 도서출판 '아르카'의 이한민 대표를 만나게 하셨다. 그는 내가 선교사 시절에 썼던 책 《채워주심》(규장)의 출간을 도와주었다. 그가 지었다는 출판사 이름 '아르카'는 'ARK'(방주)의 라틴어라고 한다. 그는 내게 노아 방주의 온전한 수동성이 마음에 든다고 했다. 하나님이 이끄시는 그 길 따라 순종하며 갈 뿐이라고 했다. 공감한다.

16년 동안의 미국 생활을 뒤로 하고 한국에 귀국한 지 8개월이 되어간다. 부임한 첫 해에 책을 출간하게 되어 더없이 기쁘고 감사하다.

다시 용기를 내어 삶의 버거운 문제 앞에 선다. 외롭고 어려운 길이다. 확실한 공식도 없고 나와 끝까지 함께할 스승도 부모도 결국은 없다. 오직 나를 사랑으로 덮으시는 하나님의 은총만이 내가 거할 안락한 처소다. 주인이신 하나님이 나를 믿으시듯 나 역시 그

분을 믿고 성장한 종이 되어 주 앞에 서야 한다. 부디 하나님께서 부족한 종을 불쌍히 여겨주시기를 바랄 뿐이다.

> 우리 몸을 감싸주는 것은 옷,
> 살을 감싸는 것은 피부,
> 뼈를 감싸는 것은 살이며,
> 심장을 감싸는 것은 온몸이듯,
> 우리의 육신과 영혼은 하나님의 자비에 감싸여 있다.
> 더구나 훨씬 더 포근하게 말이다.
> 모든 물질적인 것은 낡아서 언젠가는 사라지지만
> 하나님의 자비는 언제나 온전하다.
>
> _데임 줄리앙, 14세기 노르웨이 학자